AF434779

# EL EMPRENDEDOR Torpe

## EMPRENDER NO ES PARA TODOS
## ¿ES PARA TI?

Oscar Onofre

**EL EMPRENDEDOR**
Torpe

Primera edición, 2022

D.R. © 2022, Oscar Onofre Castro
Correo: oscar@onofre.me
www.oscaronofre.com



Impreso y hecho en México / Printed and made in México

**ISBN: 978-607-98966-5-2**

*Este libro lo dedico a todas las personas que buscan cotidianamente encontrarse consigo mismas, ya sea emprendiendo, siendo autoempleados, desde sus empleos, tratando de aportar desde sus trincheras, haciendo este mundo, un mundo mejor, un mundo digno para todos.*

*Recuerda, la única manera es trabajando para que las cosas sucedan.*

*No desistas, recuerda al final todos los caminos llevan a casa.*

*Emprender o no emprender siempre será tu decisión.*

# TODO TIENE UN COMIENZO

Ha tardado en llegar el registro, estaba programado la publicación de este libro en agosto y se a retrasado hasta septiempre 2022.

Quería compartirles a título personal, este libro lo terminé de escribir en mayo 2022, de ahí lo pasé al editor, en todo este tiempo me he dedicado a mi marca personal a dar mentorías, estructurar mi programa Onofre para emprendedores inexpertos, sigo aprendiendo.

En este proceso de meses he publicado más de 300 videos en TikTok de mi programa, me han hecho nuevas preguntas que darán para otro libro, en estos pocos meses, me he dado cuenta que la mayoría de las personas tienen una idea difusa de lo que es emprender, no hay alguien que les hable claro sin tantos tecnicismos, estoy aportando mi granito de arena.

Este libro es esa herramienta que a mi me hubiera gustado tener, no son todas las respuestas a todas las preguntas, son las esenciales desde mi experiencia, ten la confianza de hacerme cualquier pregunta, te aportaré en base a mi experiencia, te dejo mi correo oscar@onofre.me.

No desistas, si realmente algo te apasiona, busca todas esas mini fisuritas, lee, escucha audios, hoy la mayoría de la información es de fácil acceso, si no tienes un coach mentor, que sean los libros y sobre todo disfruta el proceso, el dinero llegará por añadidura.

*Oscar Onofre.*
*Septiembre, 2022.*

# ANTES DE EMPEZAR

ESTE ES UN PEQUEÑO MANUAL de lo que es emprender, desde mi perspectiva, mi experiencia, las claves para emprender, por qué creo que emprender no es para todos y está bien.

Cómo emprendí desde cero, qué libros me impulsaron, cómo fue mi camino cotidiano a tener empresas pequeñas, estables, no grandes.

En momentos reiteraré puntos, es premeditado, mi intención es que los recuerdes, son herramientas que me ayudaron en demasía.

Es importante mencionar que este libro va enfocado para personas que quieren emprender, que tienen la espinita de hacerlo, que se sienten abrumados, de si emprender o no es para ellos para las personas que están con la disyuntiva de si emprender o no.

No es una verdad absoluta, solo es mi perspectiva de vida y experiencia, toma lo que te aporta.

Para las personas que ya cuentan con un largo camino en el mundo del emprendimiento, muchas circunstancias les sonarán familiares, muchas otras no tanto, tengan por seguro que algo les aportará o ampliará su panorama, tomen lo que les aporte, expandan su espectro, apliquen lo que se pueda en sus circunstancias actuales.

Se ha popularizado el emprendedorismo en años recientes, una ola de emprendedores ha surgido, la pregunta es ¿Realmente queremos emprender o lo vemos como una moda o imposición?

Este libro lo dividí en 2 partes.

## Parte 1

Aquí son preguntas que no llevan un orden cronológico o secuencial, son preguntas que me han hecho muchas personas, otras las he escuchado en charlas, entrevistas, libros etc., trataré de resolver la mayoría de las más recurrentes, siempre partiendo desde mi experiencia, mi metodología de vida, mi filosofía, es un camino de los muchos que hay. Quiero ser lo más sincero posible, mis empresas no son multinacionales, tengo empresas pequeñas estables, de ahí partiré, desde mi experiencia de crear negocios desde cero.

Antes de iniciar, quiero recapitular que la clave para cualquier empresa, negocio, son las ventas; aprender a vender o contratar vendedores master, un equipo de trabajo sólido y una armonía pura laboral en la medida de lo posible.

## Parte 2

En la segunda parte te comparto el bosquejo de mi programa Onofre para emprendedores inexpertos, el cual comparto un poco de lo que estoy estructurando actualmente, si quieres conocer mi programa ya completo o alguna mentoría, la estoy compartiendo en TikTok.

*Escanea para ir al TikTok.*

En el 2023 saldrá el libro de mi programa completo, enfocado a emprendedores inexpertos, tenme paciencia.

***Junio, 2022. Oscar Onofre.***

# ÍNDICE

# ÍNDICE

# ÍNDICE

# PARTE
# 1

## INICIO DE PREGUNTAS Y RESPUESTAS

# MUCHOS CLIENTES YA ME TIENEN HARTO ¿QUÉ PUEDO HACER?

TEN CLIENTES CON LOS CUALES **te sientas identificado, que compartan tu filosofía.**

Si quieres o tienes una empresa de servicios, cuando uno va empezando lo que quiere es tener clientes, cuando va pasando el tiempo, te das cuenta que muchos clientes te quitan muchas energías y no vale la pena seguir con ellos, salvo que tengas que pagar cuentas, préstamos, nómina, etc.

Cuando ya has pasado esa brecha, quédate con los clientes con los cuales te sientas identificado, eso te dará paz, tranquilidad y te dará la claridad para tomar mejores decisiones, pensar en nuevas oportunidades de negocios, te sentirás más tranquilo.

**Tips Onofre:**

*Busca la simplicidad.*
*Busca simplificar tus procesos, tus clientes.*

**Libros que recomiendo:**

●*El coach de Silicon Valley* por Bill Campbell.

●*Un paso a la vez* por Mike Michalowicz.

EL COACH DE
SILICON VALLEY
LECCIONES DE LIDERAZGO DEL
LEGENDARIO COACH DE NEGOCIOS
BILL CAMPBELL
ERIC SCHMIDT
JONATHAN ROSENBERG
Y ALAN EAGLE
conecta

MIKE MICHALOWICZ
AUTOR BESTSELLER DE LA GANANCIA ES PRIMERO, EL SISTEMA CLOCKWORK Y EL GRAN PLAN
UN
PASO
A LA
VEZ
DETECTA Y SATISFACE LAS NECESIDADES DE TU
NEGOCIO PARA LLEVARLO AL SIGUIENTE NIVEL
conecta

# NO HE PODIDO DELEGAR, SÉ QUE ES IMPORTANTE, ¿QUÉ PUEDO HACER?

CUANDO UNO EMPRENDE SIN CAPITAL, tiene que hacer de todo, ventas, cotizaciones, limpieza, marketing, visitar clientes etc., cuando la empresa va madurando va creciendo, es indudable que ya es tiempo de contratar a alguien para delegar algunas actividades.

Cuando ya no puedes con todo es momento de delegar, ahí empieza nuestra mente a decir:

**¿Y si me roba dinero y clientes? ¿Nadie hará las cosas igual que yo?**

Son miedos normales, la clave es transmitir tu esencia a tus colaboradores, detectar personas con ganas de superación, crear un círculo de confianza, desde un principio hablar claro, de lo que les puedes o no ofrecer, en base a nuestras circunstancias actuales de nuestros negocios.

Para ello en base a mi experiencia, es importante tener unos principios o filosofía interna, valores, formas de trabajo, que sean la base de tu empresa que recurren a ello cuando las cosas se compliquen, te comparto mis principios:

## PRINCIPIOS
## OSCAR ONOFRE

1.      Para la solución de cualquier problema utilicemos, la lógica, el sentido común, la razón, la clave es la simplicidad.

2.      Simplificar y hacer las cosas simples, siempre te darán mayor claridad.

3.      Transmitimos nuestra filosofía, creemos un círculo de armonía.

4.      Siempre habrá muchas maneras de hacerlas cosas, las que elijan en cada momento, son las que creían convenientes con sus circunstancias y aprendizajes. Recuerda que somos seres de aprendizaje continuo.

5.      Todo en la vida se regresa lo bueno, lo malo al universo no podemos tomarle el pelo.

6.      Las grandes cosas empiezan con nuevos hábitos, nunca será tarde para empezar.

7.      No existe la verdad absoluta, todo es una perspectiva de la realidad.

8.      Siempre hay una solución para todo, la clave es encontrar el momento oportuno.

9.      Cada ser humano tiene su forma de pensar y actuar con base a sus circunstancias.

10.     Todos necesitamos de todos, aportar, apoyar, ser empáticos, está en nuestras manos hacerlo o no hacerlo.

11.     La vida siempre será un aprendizaje constante.

12.     La perfección es una utopía, tenemos derecho a equivocarnos, lo importante es aprender y sacar una enseñanza de ello.

13.     Ser siempre agradecidos, y sentirnos orgullosos de lo que hemos logrado.

14.     Cuando no encontremos el camino recuerda que todos los caminos llevan a casa, porque siempre llegamos a donde nos esperan.

## Tips Onofre:

*Crea tu filosofía interna de trabajo,
serán tus cimientos los cuales te darán el soporte,
siempre expande tu mente.*

### Libros que recomiendo:

●*El ego es el enemigo* por Ryan Holiday.

●*¿Por qué motivar a la gente no funciona y que sí?* de Susan Fowler.

EL EGO
ES EL
ENEMIGO
RYAN HOLIDAY
PAIDÓS EMPRESA

GESTIÓN DEL CONOCIMIENTO
Susan Fowler
¿Por qué
motivar a
la gente
no funciona,
y qué sí?
Nuevos
descubrimientos
científicos sobre
liderazgo
y la gestión
de personas
Prólogo de Ken Blanchard
Empresa Activa

# TENGO UNA PEQUEÑA TIENDA DE ABARROTES DESDE HACE AÑOS Y ASÍ ESTOY BIEN, ME DA PARA VIVIR, DISFRUTAR DE MIS HIJOS, MI FAMILIA ¿ESTÁ MAL NO QUERER CRECER?

SIEMPRE NOS QUIEREN VENDER EL ÉXITO, como tener una empresa multinacional, crear franquicias, sucursales, **y está bien para quien quiera hacerlo es válido**, y también está bien para quien no quiera, lo importante es preguntarnos de manera individual qué queremos realmente, qué nos hace estar bien, es bien sabido que crear una empresa grande con varias sucursales se necesita:

1.- Saber dirigir.

2.- Desarrollo de líderes.

3.- Mucho tiempo y dedicación al inicio mientras estructuras todo, y sobre todo lo más importante **QUERER HACERLO.**

**Anécdota:**

A los años de tener ya un mercado en mi empresa de limpieza, me aventuré a vender franquicias, vendí dos; uno en Ciudad del Carmen, Campeche, la otra en Aguascalientes, ya tenía y tengo los manuales de trabajo, contraté una empresa para el desarrollo de un software, donde podían administrar prospectos y clientes para cada franquicia, nos fuimos mi equipo y yo,  fuimos primero a Aguascalientes a capacitación, ya el franquiciatario había rentado un local dentro de una plaza comercial, se pintó con los colores de la marca, en la compra de la franquicia incluí el marketing digital, solamente se tenía que poner la pauta mensual, estuvimos como 15 días, se concretaron algunos servicios, le explicamos cual era el proceso de venta, de capacitación, del personal etc., lo dejamos funcionando, de ahí nos fuimos a Ciudad del Carmen, Campeche.

Ahí hicimos el mismo protocolo de capacitación, nos venimos muy contentos, con el paso de los días, nos percatamos que dejaron de darle seguimiento a clientes, se desesperaron con los clientes y personas, ahí me di cuenta que no les apasionaba el negocio en lo más mínimo, en algún momento pensé que lo repudiaban, fuimos pacientes, durante meses al final ellos se dieron cuenta que el negocio no era para ellos y terminamos en buenos términos y cerraron.

## Aprendizaje:

Ahí comprendí, que emprender un negocio, tiene que apasionarnos el giro para que las cosas fluyan, no trabajar por el dinero en sí, que sea la consecuencia de hacer lo que nos apasiona, si al final no nos sentimos identificados, será complicado sacar adelante un proyecto, claro habrá sus excepciones de negocios que no te apasionen y funcionen, **ahí entra la perseverancia, resiliencia y constancia que le pongas al proyecto.**

**¿Cómo saber que algo nos apasiona? es sencillo, cuando no medimos el tiempo, decimos que son las 11 a.m. no me había dado cuenta y el tiempo se te pasará volando.**

Así que, si tienes o quieres hacer un negocio pequeño o grande, que sea tu decisión, tu motivación personal. Que no sea algo impuesto por los demás, por la sociedad, te hablo desde mi experiencia y filosofía de vida.

**Tips Onofre:**

*Busca tu pasión, realiza cosas que te gusten,
no importa si son genéricas o no.*

**Libros que recomiendo:**

- *El camino del carácter* por David Brooks.

- *El obstáculo es el camino* por Ryan Holiday.

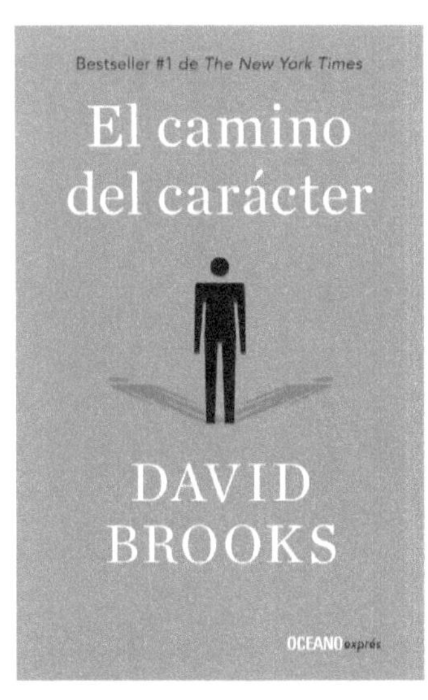

# ¿CÓMO SABER SI EMPRENDER ES PARA MÍ?

EMPRENDER HOY EN DÍA se ha vuelto tan popular, que creamos negocios que no nos gustan, invertimos en algo que desconocemos por el mero hecho monetario, claro hay que aprovechar las oportunidades cuando se presentan, puntos importantes a considerar para saber si emprender es para ti:

●Si tienes un empleo que te gusta y lo disfrutas sigue ahí.

●Si tienes miedo a emprender puedes empezar por promocionarte en grupos, hay infinidad, ahí veras si tu producto tiene potencial y si realmente te apasiona.

●Si tienes una idea de negocio y te da vueltas la cabeza, tienes la espinita de emprender, hazlo.

●Si no te gusta recibir órdenes o los trabajos no te llenan y tienes ideas de cómo hacer las cosas mejor, arriésgate, emprender es un camino.

●Emprender tiene que apasionarte.

**Tips Onofre:**

*Ya sea que emprendas o no,*
*trabaja en algo que te apasiona.*

## Libros que recomiendo:

- *Piense y hágase rico* de Napoleón Hill.

- *El mito del emprendedor* por Michael E. Gerber.

# ¿CÓMO CONTRATAR
# A MI PRIMER EMPLEADO?

ESTO ES ESENCIAL CUANDO SE EMPIEZA en el mundo del emprendimiento y se va creciendo, se necesita que alguien nos apoye, ya hemos superado los pensamientos de todo querer hacerlo nosotros mismos, porque nadie lo hará igual que nosotros, o no confiar pensando que nos traicionan.

Lo primero que debemos saber es que la primera persona que contratemos será nuestra mano derecha, es por ello te recomiendo los siguientes puntos importantes:

●Busca alguien que tenga hambre de salir adelante, no importa si no sabe en su totalidad las actividades.

●Busca a alguien que le apasione lo que hace.

●Busca a alguien que comparta tu misma filosofía de vida, valores, moral, etc.

●Tienes que tener mucha paciencia para enseñar desde la raíz.

No contrates a alguien solo por cubrir un puesto, no dejes que se convierta en un círculo vicioso. Con ello tendrás el camino más ligero, es importante  mencionar que tienes que tener mucha paciencia, en enseñarle en transmitir tu esencia del negocio, crear un sentido de pertenencia, si no logras hacer eso,  lo que contratarás serán personas que realicen trabajos genéricos, maquinales que van de un trabajo a otro y eso te frustrará y dirás, **nadie quiere trabajar, son una bola de irresponsables, etc.**

No desistas a la primera persona, a mí me costó muchas personas, algunas de las cuales hasta me robaron, es parte del proceso.

### Tips Onofre:

*Haz una lista de tus cualidades, si no las sabes preguntale a gente cercana, tus cualidades serán tu carta de presentación para tu primer empleado, todos necesitamos sentirnos identificados con los demás, recuerda no todos somos buenos en todo, busca en qué eres realmente bueno y se un master, lo demás delegalo.*

### Libros que recomiendo:

•*Cómo trabaja Google* de Eric Schmidt y Jonathan Rosenberg.

•*El empresario del papel higiénico* de Mike Michalowicz.

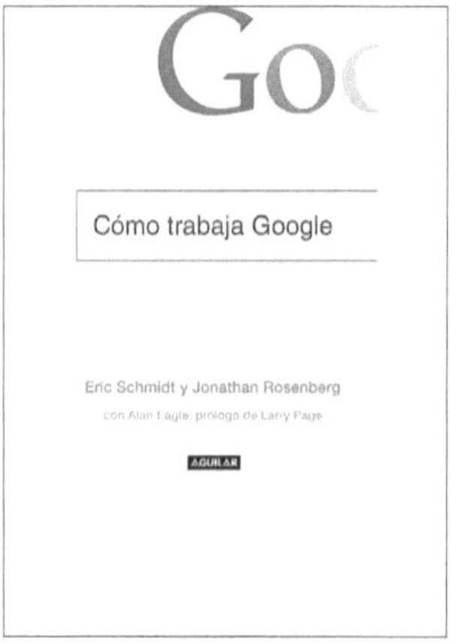

# ¿CÓMO TENER CONFIANZA EN UNO MISMO?

EN EL MOMENTO DE EMPRENDER, **siempre aparecerá tu *mini yo* que te dirá que no puedes, que no eres capaz,** y si agregamos que hay ocasiones en que nuestra misma familia, amigos, nos desaniman, tristemente pasa, muchas personas tienen la espinita de emprender y las personas cercanas nos llenan de negatividad, que vas a hacer si no funciona, dejarás tu trabajo donde ganas bien, eso no es negocio, te morirás de hambre, etc., si estás en esa situación te recomiendo lo siguiente:

•Lee libros de personas que han emprendido en circunstancias adversas como Sam Walton, Ford, Ralph Lauren, etc.

•Escucha podcasts, videos de gente que está emprendiendo.

•Busca grupos de emprendedores, hay infinidad en Facebook, Telegram, busca grupos con los cuales te sientas identificado.

•Asiste a conferencias de negocios, muchas son gratuitas.

•Ve series y películas de emprendimiento, ejemplo, WeCrashed, Billones, Red Social, Hambre de Poder, te las recomiendo ampliamente.

•Crea un mantra el cual te ayude a motivarte cotidianamente, por ejemplo mi mantra es: **La única manera es trabajando para que las cosas sucedan. Repítelo siempre.**

Todo lo anterior, lo hice al extremo de crearme en mi mente mejores amigos, emprendedores, motivadores que solo vivían en mi imaginación, todavía no existían los grupos de Facebook, Telegram, etc.

**Tips Onofre:**

*Te recomiendo mi libro*
***Tú más que nadie merece ser feliz,***
*estoy seguro que te aportará.*

**Libros que recomiendo:**

- *Así como pienses, será tu vida* de James Allen.

- *Cambia el chip* de Chip Heath y Dan Heath.

# SI NO SÉ NADA DE EMPRENDIMIENTO, NI SÉ QUÉ HACER, ¿POR DÓNDE EMPEZAR, SI REALMENTE TENGO LA ESPINITA DE EMPRENDER?

SI TIENES LA ESPINITA DE EMPRENDER, no sabes qué negocio hacer, por dónde empezar, en primera pregúntate en qué eres bueno, si no lo sabes, pregúntale a las personas cercanas a ti, si te da pena, recuerda qué te gusta hacer, donde se te pase el tiempo volando. Que no te cueste trabajo y de ahí parte, ejemplo si eres bueno escribiendo y te apasiona, sé un master escribiendo, ve videos de escritura, creativa, comercial, cuentos, poesía, comparte tu arte en grupos, etc.

Si te gusta escribir, ejemplo puedes crear una Agencia de Copys, escribir libros, enseñar a escribir, cursos, hay un mundo de oportunidades.

Se puede vivir del arte, si lo creo así, que se requiere disciplina y constancia pura, muchas personas quieren satisfacción inmediata, se desesperan, otras empiezan un proyecto, a los meses se desesperan y lo dejan, **recuerda un paso a la vez.**

**Tips Onofre:**

*Recuerda que la única manera es trabajando
para que las cosas sucedan.*

**Libros que recomiendo:**

● *Radical* de Ricardo Semler.

● *La ganancia es primero* de Mike Michalowicz.

# ¿QUÉ ES SER UN AUTOEMPLEADO?

En el mundo del emprendimiento, es la persona que tiene un negocio y lo atiende él, él cobra, él hace publicidad, es todólogo, no puede delegar, si cierra no gana, o si no hace el trabajo el no produce, aquí entran dentistas, abogados, diseñadores gráficos, vendedores, etc., si se enferman no generan dinero.

Reitero, está bien si eso te gusta, lo malo es cuando repercute en la parte emocional, física, familiar, etc., no se tiene tiempo para los hijos, pareja, amigos, familia, la clave es crear un sistema, me dicen muchos emprendedores, mis clientes solo quieren que los atienda yo, y en esencia es cierto porque se ha creado una relación entrañable FELICIDADES POR ELLO.

Cómo se puede crear un sistema, donde cualquier persona que atienda a tu cliente lleve tu esencia y los clientes digan, es como si tú me atendieras, creando una filosofía de trabajo.

¿Cómo se hace lo anterior desde mi experiencia?

1. Define claramente cómo te gusta hacer las cosas, cuál es tu proceso de trabajo.

2. Pregúntate cuál es tu filosofía y tus valores plasmarlos por escrito, ponlos y ayudará a tu equipo de trabajo a recordarlos siempre.

3. Poco a poco informales a tus clientes que, gracias a su preferencia, tu equipo de trabajo aumentará, no así la calidad será la misma.

4. Las personas necesitan retroalimentación,

hazla constantemente, habrá veces que tendrás que repetir los mismos puntos varias veces.

5. Crea un círculo de armonía, preocúpate sinceramente por tus clientes y colaboradores.

**Tips Oscar Onofre:**

*Transmite tu filosofía, es la esencia de tu equipo de trabajo, empieza hoy.*

**Libros que recomiendo:**

- *El sistema Clockwork* de Mike Michalowicz.

- *Padre rico, padre pobre* de Robert Kiyosaki.

# ¿QUÉ ES LO QUE NO DEBO HACER PARA NO CREAR UNA EMPRESA TÓXICA EN LA QUE NADIE QUIERE TRABAJAR?

EN LA VIDA DE UN EMPRENDEDOR, lo más importante y lo más complejo de conseguir, es el capital humano, nos damos cuenta que las personas no son responsables, quedan mal, la cuestión no es tanto económica, claro que influye, hay varios factores que he detectado porque las personas se van, faltan mucho, no se sienten cómodas, etc., te las comparto:

- En la empresa o emprendimiento no tiene estructuras sólidas.

- El ambiente de trabajo es difícil, tóxico, chismes, faltas de respeto, etc.

- No ven seriedad en la empresa, no hay un camino claro y mucha incertidumbre.

- Ven muchas injusticias y privilegios con ciertas personas.

- No sienten que su trabajo sea valorado.

- No sienten que se les tome en cuenta.

Cuando ya existen estructuras sólidas, o empresas grandes ya han creado su filosofía, por ejemplo, las empresas de electrónica que tienen horarios de 12, 24 horas descansan 3 con más de 1,000 empleados (hay personas que se adaptan a ello, ya sea por necesidad o porque les gusta ese horario) lo cierto que al ser empleos masivos constantemente necesitan personal.

Hay una rotación constante, muchos de ellos no se sienten a gusto en su trabajo, al ser ya empresas muy grandes se van fragmentando las estructuras internas, eso crea conflictos internos, y si hay sindicatos ello conlleva huelgas, paros etc. ¿Cómo logran sobrevivir? te preguntarás, desde mi visión ya tienen sólidas sus estructuras, aunque día a día sea un mundo de toxicidades cotidianas, llegan ahí muchas personas con problemas psicológicos, que el que los traten mal es parte de su día, por otra parte, y si le agregamos necesidad de empleo, deudas, mantener a una familia, etc., el círculo se cierra, no estoy generalizando, en la mayoría de los casos es así en empresas grandes.

## Te pregunto: ¿Qué quieres realmente, qué empresa quieres construir?

Una empresa genérica que solo genere empleos genéricos que la gente vaya y cumpla con sus obligaciones, que espere con ansias la hora de salida, que se queje todo el tiempo, que falte por cualquier cosa, que haga las cosas a medias ¿Eso quieres?

## Espera.

O quieres una empresa que cada persona sienta orgulloso de pertenecer a ella, que la presuma a todos, que se llegue la hora de salida y se queden más tiempo porque no han terminado y **les dices oye ya vete a casa, mañana terminas el trabajo**, que te propongan ideas para generar más ingresos, ideas para mejorar cada departamento, que les dé un gusto cotidiano por ir a trabajar, no, no es una utopía, es posible si te interesa, tengo mentorías, si aplicas lo que se adecue a tus posibilidades lo escrito en este libro, ojo habrá variables como todo, mídelas, habla, estructura, haz cambios, no te quedes estático.

**Tips Onofre:**

*Busca referencias de tu giro, toma de cada una de ellas lo que te aporte, no quiero decir que copies, si no, tomes la esencia, hagas un híbrido de la esencia de tu empresa con las aportaciones que leas y veas en otras empresas.*
***Busca tu esencia pura, toma lo que se adecua a las circunstancias de tu empresa.***

**Libros que te recomiendo:**

●*Gente Tóxica* de Bernardo Stamateas.

●*Más gente Tóxica* de Bernardo Stamateas.

# ¿QUÉ COSAS TÉCNICAS IMPORTANTES DEBO DE SABER ANTES DE EMPRENDER?

CUANDO UNO VA EMPRENDIENDO ya sea de manera independiente o con un socio, los puntos a considerar son los siguientes, es importante mencionar que va a variar de negocio a negocio, de país a país lo esencial es lo siguiente:

•Un contador, para que estés al corriente de todas las cuestiones fiscales, con el SAT no se juega, te lo digo por experiencia no grata.

•Un abogado, para contratos, todo lo referente al área legal, te evitará dolores de cabeza futuros.

•Marketing, alguien que te genere prospectos, diseñe tu manual de marca, cree tus redes sociales, publique contenido, mínimo tres personas, un diseñador, un generador de contenidos, un líder que los guíe.

•Un vendedor, puedes ser tú, claro recuerda que en el mundo del emprendimiento necesitamos ventas.

•Unirte a grupos de tu giro, ejemplo, si crearas un negocio de carpintería, restaurant, etc., te permitirá generar ideas, los grupos comparten experiencias con clientes, donde comprar con proveedores de calidad, con que clientes no trabajar, porque no les pagó, son problemáticos, etc.

Si no se cuenta con el recurso, se puede trabajar con colaboradores externos, llegar a un acuerdo que ambas partes les convenga que se trabaje por proyectos, intercambio, etc.

**Tips Onofre:**

*Se paciente, perseverante, si desde el inicio haces las cosas correctas, el futuro se irá clarificando, ojo habrá adversidades como todo, pero tendrás más espectro de resiliencia para saber cómo actuar y qué hacer.*

**Libros que recomiendo:**

- *Vendes o vendes* de Grand Cardone.

- *El gran plan* de Mike Michalowicz.

# ¿QUÉ HAGO SI NO TENGO DINERO PARA MARKETING?

C UANDO UNO NO CUENTA CON EL RECURSO para una estrategia de marketing, empieza siempre con conocidos, muchos otros repartiendo volantes en la zona, ya depende mucho del producto o servicio que se ofrezca, eso funciona más si tienes una familia extensa o tu red de contactos es grande.

Otra opción, la clave son los grupos en Facebook, Marketplace, Telegram, hay infinidad, de diferentes tipos, lo cierto es que tienes que dedicarle tiempo, aproximadamente tres horas diarias, ten cuidado de no publicar en una página muchas veces porque te bloquean de los grupos. En los grupos como en todo habrá muchos curiosos, lo importante es darle la atención a todos por igual, hay ocasiones que el que menos esperas termina comprando, **OJO SE PRUDENTE, MÁS SI VENDES PRODUCTOS FÍSICOS, HAY MUCHO ESTAFADOR, SE PRUDENTE CUANDO ACEPTAS TRANSFERENCIAS.**

Otra herramienta que es gratis y el posicionamiento es orgánico es TikTok, lo maravilloso que el alcance es global y algo más hermoso que  no tienes que saber edición o técnicas de actuación, solo tienes que ser tú y ser constante, cuando menos te lo esperes algún video tuyo se puede hacer viral, puedes ver los videos de  la mayoría de los que se han hecho virales, no tienen edición, solo son personas siendo auténticas, siendo ellas mismas, lo cierto es que debes crear mucho contenido diariamente. y ser paciente.

Por último, está Google, mi negocio que al estar escribiendo este libro, Google lo está unificando con Google Maps, igualmente tienes que dedicarle tiempo, ahí puedes poner horarios de atención, productos o servicios que ofreces, subir imágenes, tienes que actualizar constantemente para que Google te muestre, inclusive puedes hacer una página básica gratis.

Tengo una agencia de publicidad por si no sabes cómo hacerlo o quieres delegar esa parte.

**Tips Onofre:**

*Publica en grupos tus productos o servicios, si no tienes capital de ahí tendrás clientes, lo único que necesitas es tiempo.*

**Libros que recomiendo:**

●*Esto es marketing* de Seth Godin.

●*Hazla en grande* de Gary Vaynerchuk.

ESTO ES
MARKETING
No uses el marketing para solucionar los problemas de tu empresa:
úsalo para solucionar los problemas de tus clientes
SETH
GODIN
PAIDÓS EMPRESA

AUTOR BESTSELLER DE THE NEW YORK TIMES
GARY VAYNERCHUK
¡HAZLA EN GRANDE!
LIKE!
FOLLOW
Aprende a
construir tu
negocio y a influir
en los demás
como lo hacen
los grandes
empresarios
AGUILAR

# ¿CUÁLES SON TUS EMPRENDIMIENTOS OSCAR ONOFRE?

- Only Clean House
- Only Clean Office
- Elite Recursos Humanos
- El Emprendedor Torpe
- Tokio Blues Publicidad
- Oscar Onofre
- Club Ubik

**Libros que recomiendo:**

- *Kafka en la orilla* de Haruki Murakami.

- *Maestría* de Robert Green.

# TENGO MIEDO A ASOCIARME CON ALGUIEN PORQUE ME HAN ROBADO Y TRAICIONADO EN ANTERIORES OCASIONES ¿QUÉ PUEDO HACER?

CUANDO UNO DECIDE EMPRENDER con socios es como un matrimonio es para toda la vida, hay que seguir aún más cuando se crea una sociedad anónima, y si termina en divorcio y no se llega a un acuerdo mutuo, inicia una batalla campal que todos los involucrados saldrán perdiendo.

En alguna ocasión escuché decir a alguien, **no te asocies con alguien que trata mal a su madre, familia, en otra ocasión no te asocies con alguien que es alcohólico crónico, o trata mal a los meseros, etc.,** lo cierto que ello no es garantía de que nos vaya bien en una sociedad, hay empresas multinacionales que después de años, los socios tienen diferencias y empieza la odisea legal, no hay una garantía absoluta, si podemos tomar en cuenta ciertos factores, la mayoría de las veces nos asociamos con amigos, familiares, a continuación te platico mi experiencia.

### Anécdota, cómo inicié desde cero

En mi primera empresa me asocié con dos personas, la primera fue la que me invitó al negocio, yo no sabía nada literal, en ese momento trabajamos en una empresa de cobranza, nos sentábamos a un lado, me decía que su vecina mandaba señoras a limpiar a casas y que ganaba por ello, me dijo que investigaría, ya así lo hice, vi oportunidad de mercado y empezamos a maquetar todo, un compañero de la empresa nos hizo el logo a un precio bajo, trabajamos en maquetar todo, a que nos íbamos a dedicar, buscar recursos para una página en una lapso de 6 meses, para salirnos de trabajar teníamos que tener 10 clientes estables, necesitábamos antes crear la página, comprar uniformes para el personal, no sabíamos nada de lo de facturar y esas cosas, como  el sueldo base cubría una parte de gastos fijos personales, esperábamos al final de mes para recibir nuestras comisiones y no llegaban, en ese momento una persona que no pudo ya pagar su carro lo regresó y la empresa decidió rifarlo entre nosotros para navidad, entre otros regalos como televisores, cámaras, hornos, etc.

La mecánica era que por cada 50 mil de dinero recuperado un boleto, eso fue en septiembre, me dije que probabilidades tengo de ganármelo y dije si recuperó 1 millón por mes serían 20 boletos , y no recuerdo cuanto recuperé y lo cierto es que fui el que más boletos ganó y  me llevé el carro, le faltaba todo, llantas, motor, debía tenencia, etc., logramos venderlo en 30 mil pesos, lo recuerdo bien, fue como en el 2009 aproximadamente.

Nos dijimos ya tenemos para la página y los uniformes, pero pasó navidad y no nos daban nuestras comisiones y decidimos salirnos de nuestro trabajo.

Nos fuimos a mi departamento que rentaba con un amigo, y ahí empezamos, pusimos una tabla en la sala y me dediqué a publicar en páginas gratuitas, en ese momento era muy popular Mexplaza que después se convirtio en Anumex, que después compró Segunda Mano.

Pagamos la página, en ese momento el que era mi socio me dijo que le ofrecieron una oportunidad de trabajar en alguna dependencia de gobierno, que como él tenía familia, hijos, tenía que tener un ingreso fijo, tenía una niña pequeña, charlamos, le dije que lo entendía, me dijo que me quedara con todo, ya que yo me había ganado el carro, y de ahí maquetamos.

Duré 6 meses sin saber qué hacer, cuando él me llamó para decirme que cómo iba, le dije que solo había creado muchos anuncios pero que yo no podía solo y me dijo, porque no invitas a JUAN (no es su nombre real) se ve que sabe vender y se aferra, y así lo hice, fue a mi departamento, platicamos, y llegamos a un acuerdo, empezamos con limpieza de oficinas, nos pedían crear una sociedad y no teníamos el dinero, él me dijo que podía pedir dinero de su Afore y con ello teníamos la mitad de la sociedad, nos faltaba la otra mitad, y me dice tienes muchos libros, hay que venderlos, me dije ¡no! por dentro lloraba de tristeza.

Al día siguiente, nos fuimos al Centro de Guadalajara a vender los libros en librerías de compraventa, libros que me costaron 200 pesos, los vendíamos en 40 pesos, cuando nos iba bien nos daban 50 pesos, así le hicimos durante varias semanas, todo el día y al fin reunimos el dinero.

Todo ello lo valoré mucho, con el paso de los años, nuestras visiones de cómo llevar la empresa fueron cambiando, decidimos separarnos, en buenos términos, nos dividimos las empresas, el sigue trabajando y nos apoyamos cada vez que podemos.

Puntos importantes en base a mi experiencia que debes considerar antes de crear cualquier sociedad o pacto de socios, son los siguientes:

• Hablar claro desde un inicio cuáles son las visiones que tienen cada uno del negocio.

• Ser honestos y realistas de las circunstancias que pueden pasar.

• Armar escenarios extremos, ejemplo, qué haríamos si no tuviéramos para la nómina, qué haríamos si muchos clientes no nos pagan, etc., qué pasaría si nos metemos en problemas legales.

• Buscar personas neutrales para que comente como los ven de socios.

Son algunos puntos, ¿Cuáles más agregarías?

**Tips Onofre:**

*Pierde el miedo a buscar socios, recuerda que todos necesitamos de todos, recuerda que al final llegamos a donde nos esperan.*

**Libros que recomiendo**

• *El estilo Mary Kay* de Mary Kay Ash.

• *El arte de la guerra para la pequeña y mediana empresa* de Becky Sheetz Runkle.

# EN MI EMPRESA NUNCA ME ALCANZA PARA LA NÓMINA, SIEMPRE ME FALTA DINERO ¿QUE PUEDO HACER?

CUANDO UNO EMPRENDE, sin nociones de administración, no estudias un master en finanzas, etc., los que nos forjamos a base de prueba y error, nos aventuramos gastamos lo que nos va cayendo, no tenemos nociones de lo que es una planeación, entramos en lo que Robert Kiyosaki llama *Las carreras de las ratas*, muchas veces somos herméticos de que realmente necesitamos ayuda de cosas que no sabemos y no nos gustaría aprender, te recomiendo lo siguiente en base a mi experiencia:

**Creación de fondos, tres tipos:**

•**Fondo de contingencia semanal:** Abona lo que puedas, algo fijo en base a las posibilidades de tu empresa, esto te ayudará a tener un respaldo siempre y si lo usas reponerlo siempre.

•**Fondo para seguro social, despidos, aguinaldos:** Es importante definir un porcentaje del ingreso para este fondo, todo depende si ya se tiene personal asegurado y cuántas personas forman parte de tu equipo.

•**Fondo para nuevas inversiones:** Este fondo te ayudará para cuando existe una nueva oportunidad de negocio, tener la posibilidad de invertir sin salir mermado.

**Tips Onofre:**

*Empieza con pequeñas cantidades en base a tus posibilidades, la clave es crear el hábito de los fondos de contingencia.*

## Libros que recomiendo:

- *Solo una cosa* de Gary Keller.

- *La clave del éxito* de Malcolm Gladwell.

# QUIERO COMERME AL MUNDO, TENGO DEMASIADAS IDEAS, TENGO MUCHO MIEDO Y AL FINAL NO HAGO NADA ¿POR QUÉ?

MUCHOS DE NOSOTROS en alguna reunión familiar o con amigos hemos comentado, el modelo de negocio de Uber, DiDi, OXXO, decir, a mí se me había ocurrido mucho antes de que ya existiera, sabes cuál es la diferencia entre tener una idea de negocio solo en tu mente, es la capacidad de ejecución, no necesitas grandes cantidades de dinero, empieza por ir maquetando tu idea, y si requieres capital, semilla, hoy más que nunca hay plataformas que te pueden apoyar, te comparto algunas:

https://www.angelinvestmentnetwork.com.mx
https://www.kickstarter.com

Ejecutar todas las ideas de negocio que se nos ocurren es imposible, **hay muchas personas que tienen la capacidad de vender ideas y que otras personas las ejecuten**. Busca un equilibrio, busca para qué eres bueno.

Empieza por aterrizar una sola, la que más te apasione, preguntate con cuales son las herramientas que cuentas, y partir de ahí partir, hoy con las herramientas tecnológicas no necesitas demasiadas cosas, solo tiempo, mucho tiempo.

## SEMBRAR

Para cosechar primero hay que sembrar, todo es un proceso, cuando empecé mi negocio de limpieza me anunciaba en todas las páginas gratis, en ese tiempo existía Locanto, Anumex, Mexplaza, etc., le dedicaba de 3 a 5 horas diarias, publicaba todos los servicios, combinaba letras, frases, para que no me los borraran **hoy después de más de 10 años me siguen llegando clientes de algunos sitios que no borran los anuncios.**

Igualmente, mis páginas web se han posicionado de manera orgánica.

Lo que quiero decir con todo ello es que en el emprendimiento, es un largo camino de aprendizaje, donde trabajarás a todas horas, pensarás en un sin fin de ideas, será  una gran satisfacción cuando todo lo que tenías en tu mente, ideas, se vayan materializando poco a poco en algo tangible, **el dinero llegará por añadidura, que no sea el fin en sí, si no la consecuencia misma de hacer lo que nos apasiona.**

**Tips Onofre:**

*Cuando tengas un recurso, crea mínimo tres páginas web de tus servicios o productos, eso te dará posicionamiento orgánico en Google, busca las palabras más frecuentes con que te buscan.*

*Ejemplo, si te dedicas a ofrecer servicios legales y eres de Celaya:*

1.- www.abogadosencelaya.com
2.- www.buscosabogadoscelaya.com
3.- www.celayaabogadosmejores.com

**Recuerda que es un juego de palabras.**

**Libros que recomiendo:**

●*¿Cuándo?* de Daniel H. Pink.

●*Decídete* de Dan y Chip Heath.

# ¿LOS EMPLEADOS NO ME DURAN, PORQUE DICEN QUE LOS TRATO MAL O NO LES PIDO LAS COSAS DE BUENA MANERA?

CUANDO EMPRENDEMOS Y TENEMOS PERSONAL a nuestro cargo, el tener que pagar nómina, agrégale que no hay ventas, se llegan los impuestos, etc., se nos juntan circunstancias, es indudable que nos pongamos tensos, nerviosos, ansiosos y se recale con las personas que nos apoyan, eso no debería ser así.

Pregúntate lo siguiente: **¿Realmente cambiarán las cosas si regañas al personal?**, claro que nos frustra no ver resultados, recuerda que la clave siempre será nuestro equipo de trabajo, crear un ambiente de armonía dependerá de nosotros, nosotros somos los pilares, el ejemplo, todas las acciones buenas nuestro equipo las emulará.

Lo que yo hago cuando me siento tenso es salir a caminar, es mi mantra, busca el tuyo, busca tu espacio, tu lugar puede ser que ver una película te relaje, ver videos de risa, ir a misa, platicar con alguien importante, busca tu espacio mantra, empieza desde hoy, un paso a la vez.

Si crees que necesitas ayuda profesional, búscala, ya sea psicólogo, psiquiatra, meditación, herbolaria, reiki, etc., **encuentra tu camino a casa.**

Si te interesa más este tema de encontrarte contigo mismo, te recomiendo **mi libro *Tú más que nadie merece ser feliz* búscalo en Amazon.**

**Libros que te recomiendo:**

- *Las 21 leyes del liderazgo* de John C Maxwell.

- *El líder 80/20* de Richard Koch.

# ¿CÓMO PUEDO APRENDER A DELEGAR?

EN EL MUNDO DEL EMPRENDIMIENTO, uno de los dolores recurrentes, es aprender a delegar, más cuando somos personas aprensivas, creemos que nadie hará las cosas igual de bien, o con el mismo empeño que nosotros, recuerda, un paso a la vez, no somos todólogos.

## Recuerda que:

1. Acepta que se necesitas ayuda.

2. Comprende que las personas no nacemos sabiendo las cosas, aún cuando sepamos hacer las cosas, cada persona tiene un entendimiento del mundo individual.

3. Transmite tu filosofía de trabajo, se paciente, pocas personas pueden leer las mentes.

En base a mi experiencia esos 3 puntos son esenciales, si no logramos estandarizar los puntos anteriores, caeremos en una desesperación, explicaré a detalle cada punto:

## 1.- Acepta que se necesitas ayuda.

Todos necesitamos de todos, es por ello que tenemos infinidad de cosas que nos hacen la vida más práctica, desde los automóviles, decía Henry Ford, si les hubiera dicho a las personas que querían referente al transporte hubieran dicho, un caballo más rápido, las computadoras, hornos de microondas, aviones, celulares, todo ello se realizó basado en un trabajo en conjunto, recuerda nadie nace aprendiendo, date la oportunidad de delegar, ojo no todos compartirán tu filosofía, pero si eres persistente tenlo por seguro que varias personas estarán encantados de colaborar contigo.

Es difícil desprenderse de actividades que hemos hecho nosotros mismos, quédate con las actividades que te gusta  hacer, no importan si otras personas lo pueden hacer, elige un par, eso te quitará carga laboral y podrás pensar, tener ideas con más claridad, tendrás más espectro de posibilidades, te sentirás libre.

Todo lo que te comento va a depender del giro de tu empresa, ejemplo yo sigo vendiendo y haciendo anuncios en mis empresas porque me apasiona. Me llena de energía ver los resultados.

**Elige qué actividades te apasionan y sigue haciéndolas, lo demás delégalo.**

**2.- Comprende que las personas no nacemos sabiendo las cosas, aún cuando sepamos hacer las cosas, cada persona tiene un entendimiento del entorno de manera individual.**

En el mundo cotidiano desde que empieza un nuevo día, la impaciencia se hace presente desde que no tenemos agua caliente porque se terminó el gas, el panel solar no funciona, posteriormente al llegar al trabajo, te das cuenta que se te olvido el material para exponer la presentación a tu jefe o grupo de compañeros.

Todo ello merma nuestra paciencia, todos al llegar a nuestros trabajos, escuelas, pasamos por travesías, muchas de ellas muy difícil para llegar y sentarnos, siempre ten presente como dice un dicho popular, **todos en mayor o menor medida de manera individual cargamos nuestra cruz, nuestras preocupaciones. NO SUPONGAS, PREGUNTA.**

Cuando no tenemos referencia de lo que es emprender, vamos aprendiendo sobre la marcha, vamos en blanco, tropiezo tras tropiezo.

Queremos muchas de las ocasiones que las personas nos entiendan a la primera, muchas personas captan a la primera, la mayoría no, he ahí nuestro trabajo de ser pacientes, recuerda que tu primer empleado es el pilar de todo, detecta como aprende más rápido a mí me tomó años pulir ese aspecto, la clave es detectar para qué es buena cada persona y explotar su potencial, **ahí es cuando se cierra el círculo.**

Detectar el talento eso es otro tema para otro libro, lo cierto es que a mí me ayudó mucho leer sobre psicología, filosofía, si te interesa ahondar en este tema tengo mentorías.

**3.- Transmite tu filosofía de trabajo.**

Si enseñamos por enseñar, lo que pasará es que solo contrataremos personal temporal, rotativo que no siente tu filosofía y te la pasarás contrate y contrate.

Qué es para mí crear, transmitir nuestra filosofía; es transmitir como haces las cosas si te dedicas a la carpintería por ejemplo, transmitir cómo seleccionas la madera, cuáles son tus criterios, cómo tratas a los clientes, la importancia de estos, qué consejos les das, cómo los tratas, si tienes algún mantra de agradecimiento, por ejemplo, todas las mañanas acostumbras agradecer por un día más, si logramos pasar esa esencia a una persona, ella así lo transmitirá a los demás, tenemos que predicar con el ejemplo, si decimos que los clientes son importantes y nos escuchan gritando, insultando, perdemos credibilidad.

**Tips Onofre:**

*Cuando tus clientes te piden algún trabajo, cuando te comentan me atiende Juan, es como si tú me atendieras,* **ahí has logrado tu cometido de transmitir tu filosofía.**

**Libros que recomiendo:**

•*Aprendiendo de los mejores* de Francisco Alcaide Hernández.

•*El poder de creer en uno mismo* de Orison S. Marden.

# ¿CÓMO DESPEDIR A ALGUIEN QUE SOLO CONTAMINA AL EQUIPO?

EL OTRO LADO DE LA MONEDA ES DESPEDIR, siempre será un conflicto interno, despedimos, por ya no poder pagar, porque no hacen bien su trabajo, por ser personal problemático, por reestructuración, etc.

Cuando es por falta de de liquidez, es diferente el despido que cuando es por extirpar, porque se está contaminando el personal.

También depende de cada circunstancia y giro de cada empresa, **al final un despido será un despido.**

### Te comparto en base a mi experiencia

Cuando es por falta de liquidez, es hablar claro, de no poder liquidar conforme a la ley, dar lo más que se pueda, ya que una demanda puede tardar años y nos quitará energías.

Cuando es por recorte de personal, por hacer ajustes dentro de la organización, es muy diferente y más cuando es un buen elemento, te recomiendo lo siguiente:

Sé honesto, busca el momento oportuno, pero sé sutil, ejemplo OSCAR estamos haciendo muchos cambios, se te liquidará conforme a la ley, podemos seguir colaborando en el futuro, cuentas con las cartas de recomendación que necesites, si requieres herramientas de trabajo en alguna ocasión cuenta con ello.

Cuando se despide a una persona problemática o que solo contamina al personal es algo complejo, para ello tienes que **buscar el momento oportuno**, conocer bien a la persona, dirás solo es correr y ya, sí, concuerdo contigo, si no se hace de la manera correcta, puede traer consecuencias a futuro, y puede ser un lastre que se arrastre por mucho tiempo.

## Puntos importantes a considerar
## al momento de un despido:

Pregúntate cómo es tu relación con la  persona, cómo es su relación con los demás miembros de la empresa, si tiene algún grupo de influencia, porque al final si se va la persona, pudo haber sembrado veneno entre el grupo y eso se puede expandir, lo que te recomiendo si eso pasa, hablar con todo el personal, ser honesto y claro de porqué se despidió a su compañero de trabajo, con el paso de los días poco a poco todo volverá  a su cauce normal, si siguieran en contacto con el compañero despedido no tendrá el mismo impacto, porque ya se habló con antelación.

## Ejemplo cotidiano

Te pondré un ejemplo, cuando surge en el mundo colectivo alguna desgracia o chisme, ejemplo hace semanas estaba muy en las charlas ligeras lo de la separación de Nodal con Belinda, el anillo, los tatuajes, etc., ahora  ya casi no se menciona, el ser humano recuerda lo más reciente, no quiere decir que lo olvide, lo almacena, quizás en pocos años digan, recuerdan cuando Nodal se tatuó los ojos de Belinda,  así pasa con  las empresas, con los chismes  de pasillo, ojo como está guardado en nuestros recuerdos y sale a luz cuando se presenta una circunstancia similar, ejemplo si se cometiera una injusticia en tu empresa, se diría por eso a OSCAR  lo corrieron, ya no me siento a gusto aquí etc., **a lo largo de nuestra vida vamos guardando información que sale a la luz cuando se presentan circunstancias que hacen sinapsis con otras,** esto aplica para lo bueno y lo malo, como menciono en mi primer libro, siempre pesará más lo negativo, es lo que más se recuerda.

Escucha lo que tenga que decir, deja que se desahogue y que exprese cómo se siente. Al desahogarse el mismo, te dará las herramientas para que el despido sea de común acuerdo.

**Tips Onofre:**

*No supongas, escucha asertivamente,
ahí encontrarás las respuestas.*

**Libros que recomiendo:**

●*Si lo crees, lo creas* de Brian Tracy.

●*Inteligencia emocional* de Daniel Goleman.

SI LO CREES,
LO CREAS
Elimina tus dudas, cambia tus creencias y suelta
el pasado para alcanzar todo tu potencial
BRIAN TRACY
Autor bestseller de The New York Times
CON CHRISTINA STEIN, PH.D.
AGUILAR

DANIEL
GOLEMAN
El libro que ha revolucionado el concepto de inteligencia
LA INTELIGENCIA
EMOCIONAL
Por qué es más importante que el cociente intelectual
NO FICCIÓN
ZETA

# ¿CÓMO DESPEDIR A ALGUIEN PARA QUE NO DEMANDE CUANDO NO SE TIENE LA LIQUIDACIÓN CONFORME A LAS LEYES DE MÉXICO?

CUÁNDO DEBEMOS DESPEDIR a alguien que contamina a los demás o es personal problemático, y no se cuenta con el recurso para una liquidación, y amenaza con demandar, es algo complejo, porque las demandas la mayoría estarán a favor del empleado, muchas de ellas pueden durar años, y al final se van acumulando sueldos caídos, la mayoría de los abogados cobran un porcentaje de lo recaudado, al final de la demanda laboral si el patrón no puede pagar la cantidad acordada, se puede embargar a la empresa o la persona física, depende el caso para reunir con lo embargado el monto de la demanda ganada por el trabajador.

A mí en lo particular no me gustan las demandas, hay empresas que tienen demandas como si fueran colecciones de obras de arte, además que son muy largas y son gastos, si no se tiene un abogado de planta se tiene que contratar a uno, cuando no se tiene el recurso para liquidar, les propongo lo siguiente:

Un plan de pagos semanal o quincenal donde se le pague conforme a la ley con un documento firmado por ambas partes.

Ustedes dirán que es mucho tiempo estar pagando una cierta cantidad, pero es mejor que tener un cúmulo de demandas acumuladas, son como piedritas en el zapato que claro te permiten caminar, pero siempre caminarás con incomodidad, y llegará un momento de hartazgo y puede ser el detonante para otras circunstancias no gratas.

Muchos colegas emprendedores optan por la demanda y en el proceso ofrecen cierta cantidad para que la otra parte quite la demanda, y si la otra persona se ha desesperado porque ha pasado mucho tiempo o necesita el dinero acepta, y es válido.

**Al final, lo que te muestro son opciones, toma lo que te funcione en tus circunstancias actuales.**

# ¿POR QUÉ LOS PROSPECTOS SIEMPRE PREGUNTAN INFO, INFO, AUNQUE LA INFORMACIÓN ESTÉ EN EL ANUNCIO?

Todos, incluido nosotros, lo hemos hecho en alguna ocasión, el ser humano lo hace por las siguientes características:

• El anuncio le llamó la atención, nos da pereza leer.

• Nos interesa el producto y se nos hace más práctico poner info, para que se contacten con nosotros.

• Lo hace por inercia, como ven que muchas personas lo hacen, es una respuesta automática.

• Muchos solo andan curioseando.

En el mundo de las ventas es importante contestar todas las preguntas en los anuncios.

1.- El algoritmo te da más alcance

2.- La mayoría leerá los comentarios, si ve que respondes y das respuesta a las preguntas de forma asertiva, hay muchas posibilidades que se conviertan en clientes o recomienden.

## TODO ES CUESTIÓN DE EMPATÍA

En las ventas, en los negocios, en la vida cotidiana, lo esencial es ser empáticos para que las cosas fluyan, hay infinidad de libros sobre ello, cursos, talleres, te comparto en base a mi experiencia como he gestado la empatía en mi entorno.

**Recuerda que cada persona tiene sus propias estructuras de vida.**

En el libro *Cómo trabaja Google* de Eric Schmidt, comentan que tienen un departamento de la felicidad, es algo sorprendente, no todos tenemos dinero ilimitado, como Google, lo que sí podemos, es crear un círculo de empatía con nuestro equipo de trabajo, cómo se logra eso, dirás, te recomiendo lo siguiente en base a mi experiencia:

Sé receptivo como líder o dueño de negocio, no te cierres en tu burbuja, oficina, estar en contacto permanente con tu equipo de trabajo.

Ten reuniones con tus líderes, que te platiquen sus ideas, su cotidianidad.

Haz reuniones de unificación fuera de la oficina.

**No supongamos cómo se siente una persona, preguntemos antes de suponer, busca el momento oportuno.**

En la mayoría de las empresas, cuando el número de colaboradores va aumentando, es complejo seguir manteniendo un círculo de armonía, eso me pasó cuando tenía más de 70 colaboradores, todo se me salió de control, en ese momento no tenía los líderes adecuados.

**Recuerda, no podemos ser solucionadores de vida de las personas, sí un apoyo.**

Cuando no sepamos que decir a alguien por algún duelo, o no quiera compartir su situación, un abrazo, para la mayoría de las personas será reconfortante, para las personas que no le gustan los abrazos, con un estamos contigo, en plural, ayuda bastante, una nota es otra opción.

En la mayoría de las empresas en Latinoamérica, no es obligatorio no ir a trabajar por algún duelo, ya sea por la muerte, o por cuestiones emocionales, para muchos el ir a trabajar les ayuda a despejarse, a otros, van como zombis, es importante dar un espacio individual para cada persona y poco a poco  ser un poco más  empáticos, y por qué no soñar, con que en las empresas por ley se implemente descansar o no hacerlo, ya depende de cada persona, cuando suceda lo antes mencionado.

**Les comparto lo que yo aplico en mis empresas.**

●Cuanto detecto que alguien se siente mal, les comento, puedes irte a casa y desde ahí trabajar si así lo deseas.

●Cuando siento su energía y existe la confianza, les doy un abrazo.

●Cuando son personas pocos expresivas, solamente les digo hoy te puedes ir temprano.

Estas acciones son sencillas, son un ejemplo para cada empresa, negocio, pueden o no aplicar, busca las que se adecuen a tu entorno a tu giro a tus circunstancias.

**Todos necesitamos de todos**

En una empresa, negocio, la parte primordial es el trabajo en equipo, recuerda no podemos hacerlo nosotros solos todo, todo el tiempo, del trabajo en equipo se deriva detectar a los líderes que continuarán con tu legado, cómo crear un equipo de trabajo sólido de trabajo, te recomiendo lo siguiente:

## Si vas empezando

Si tienes un colaborador o menos de cinco y empiezas a trabajar en crear círculos de armonía, te recomiendo reuniones periódicas si es posible fuera de la oficina, o por votación, si no tienes el recurso para un desayuno, puede ser un parque, busca un lugar donde la mayoría se sienta cómoda. eso ayudará a canalizar la energía de forma positiva, charla de la visión que tienes para la empresa y lo importante que son, que sientan que van creciendo contigo, discúlpate si en algún momento les dijiste cosas que los hizo sentir mal, ve detectando quienes serán tus líderes.

## Si ya tienes más de cinco personas

En este punto ya está un poco más arraigado los hábitos buenos y malos, se han adherido y los cambios abruptos como decirles con alegría eufórica, **desde hoy tendremos lluvia de ideas cada semana**, cuando en todo el tiempo no se han realizado, es como llegar a una nueva empresa e imponer tu ley, en la mayoría de las veces no funciona así, cuando eso pasa, muchas personas se van, y las que se quedan, lo hacen porque necesitan el trabajo, ya adquirieron deudas, compromisos, etc., el ambiente se torna tenso, tóxico, dañino, en la mayoría de los casos.

### Yo te recomiendo lo siguiente:

**1.- Crea pequeños mini hábitos, cuáles son esos pequeños micro hábitos en el lapso de un mes que puedes hacer.**

Por ejemplo, si siempre se van 5 p.m., y quieres ser un poco más flexible, déjalos ir 4:50 p.m. durante el mes, explicándoles siempre los motivos.

Si les das bonos el 30 de cada mes y tienes el recurso, dáselos el 28.

Si les das 30 minutos para comer y quieres extender el tiempo, dales 35 minutos.

Todo lo anterior son ideas, ejemplos, ¿Cuáles más  agregarías?

**2.- Anota todos los nuevos hábitos que quieres realizar en tu organización**

Esto te ayudará a que no se te olviden los cambios que quieres hacer y leerlos cada vez que lo necesites.

**3.- Se paciente, sí, Roma no se construyó en un día, no esperes que tu empresa cambie en un respiro profundo puro.**

**Tips Onofre:**

*Si anotaste tus nuevos hábitos y ves que no mejora el flujo de energía, tranquilo, ve purificando cada micro hábito, recuerda cada micro hábito se convertirá en un hábito permanente, cambia en el camino cuando lo creas conveniente, más ten cuidado de no hacer cambios tan abruptamente, aunque sean buenos, las personas les causará confusión, incluso ansiedad.*

**Libros que recomiendo:**

●*Los siete hábitos de las personas altamente efectivas* de Stephen Covey.

●*El poder del ahora* de Eckhart Tolle.

# ¿CÓMO MOTIVAR A MI EQUIPO DE TRABAJO?

CUANDO YA TIENES UN EQUIPO DE TRABAJO, motivarlos y crear ese sentido de pertenencia, es un largo proceso, lo primero es en base a mi experiencia y libros que he leído **el personal ya está motivado** partamos de ahí, para que las personas detonen su motivación, la clave es crear un ambiente laboral amigable, armónico, sentirse parte en la cotidianidad laboral.

Si el personal ya está motivado, solo es cuestión de que en la empresa se creen vínculos de unión ¿Cómo **generar vínculos de unión?** a continuación te comparto lo que yo realizo, puede variar de una persona a otra, de una empresa a otra, toma lo que se pueda adecuar.

- Incentiva al equipo más que monetariamente, investiga algo que les guste hacer, si les gusta el cine, regala boletos, etc.
- Agradece cuando hagan bien algo, pon atención a los detalles.
- Si no hay mucho trabajo entre semana y hay el recurso, invita al equipo a comer.
- Agradece cuando te nazca algo que veas que se está haciendo de manera adecuada, no importa que sean actividades genéricas.

**Tips Onofre:**

*Haz pequeñas acciones, ahí radicará la diferencia y podrás darte cuenta lo que funciona y no funciona.*

## Libros recomendados:

●*¿Por qué motivar a la gente no funciona y que sí?* de Susan Fowler.

●*Al grano: Vida y visión de los fundadores de Bimbo* por Silvia Cherem.

# ¿CÓMO BUSCAR FINANCIAMIENTO EN MI EMPRESA?

SI BUSCAS FINANCIAMIENTO, SOCIO, etc., este es el mejor momento para buscar en pleno 2022, hay infinitas opciones, desde Fintech, fondos de inversión, páginas fondeadoras, y lo tradicional, bancos, amistades, familiares.

Yo te recomiendo antes de buscar inversión, prueba que tu producto o servicio tenga potencial, el famoso producto mínimo viable si no tienes presupuesto publica en Marketplace, grupos que existen en Facebook, pauta si es necesario.

Busca grupos de inversionistas en Facebook, Telegram, **con solo poner Fintech en Google, te aparecerán infinitas opciones.**

Ello te dará más amplitud de opciones y definir hacia donde quieres moverte.

**Tips Onofre:**

*Antes de pedir financiamiento, valida tu idea o producto, no necesitas muchos recursos, solo tiempo, publica tu idea en diferentes grupos, posteriormente haz una pequeña pauta para tener más información.*

## Libros que recomiendo:

- *Aprenda de la mafia* de Louis Ferrante.

- *La vía rápida del millonario* de M. J. DeMarco.

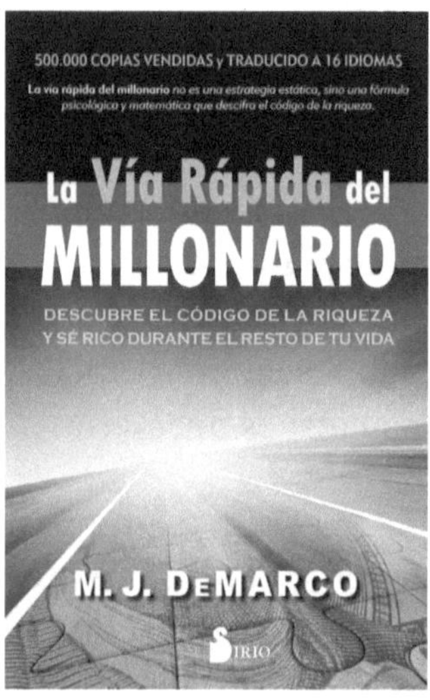

# ¿CÓMO LIDIAR CON CLIENTES DIFÍCILES?

CUANDO INICIAMOS EN EL MUNDO del emprendimiento lo que queremos son clientes, no nos importa si son difíciles, complicados, lo que queremos es tener flujo de efectivo.

Cuando ya se tiene una cartera de clientes estables, la clave que me ha ayudado a mi es lo siguiente:

•Quédate con los clientes que te dan menos dificultades o que te quitan menos energía.

•Depurar los clientes conflictivos.

•Detectar cuántos y quiénes son nuestros clientes pilares, los que nos dejan buena utilidad y comparten nuestra filosofía.

Todo lo anterior, yo lo he aplicado a lo largo de los años en todas mis empresas, eso me ayudó a:

•Simplificar procesos

•Tener más energía para captar clientes que compartan mi filosofía

•Más tranquilidad

•Mejores resultados

•Menos estrés

•Mayor flujo de efectivo

•Paz pura

**Tips Onofre:**

*Enfoca tu energía con clientes que solo te aportan energía vitalicia.*

**Libros que recomiendo:**

- *De grande a grandiosa* de Jim Collins.

- *Justo a tiempo* de Wilbaut Tlatli.

# ¿CÓMO SEMBRAR PROYECTOS FUTURO?

Es normal que uno quiera emprender simultáneamente varios proyectos, cuando se tiene el recurso monetario, humano y no afecta su cotidianidad monetaria hazlo.

Cuando no es así y no tienes el recurso, siembra, es decir crea en Instagram, Tiktok, Facebook, con contenido que vayas generando poco a poco, eso solo te cuesta tiempo, más adelante si la idea ya no te parece buena, no te costó nada monetariamente hablando, si por el contrario la idea con el paso de los días va tomando fuerza y tienes un recurso, crea un logo, después con más recursos paga un poco de pauta para Instagram, Facebook, publica en grupos y así sucesivamente.

Es una forma de ir maquetando ideas tenlo por seguro que muchos proyectos con el paso del tiempo irán tomando forma.

Así lo hice yo con muchos de mis emprendimientos, desde agencias de publicidad, recursos humanos, marca personal, etc.

**Tips Onofre:**

*No te quedes con la espinita, toda idea empezará a tomar forma si así tú lo quieres. Pregúntate ¿Con qué herramientas cuento hoy? de ahí parte.*

**Libros que recomiendo:**

●*El camino hacia el Lean Startup* de Eric Ries.

●*El efecto compuesto* de Darren Hardy.

# ¿CÓMO MOTIVARTE CUANDO TU FAMILIA Y AMIGOS TE DAN LA ESPALDA CUANDO INICIAS EN EL MUNDO DEL EMPRENDIMIENTO?

SER EMPRENDEDOR ES UN CAMINO SOLITARIO, la mayoría de las veces, partiendo de ahí, automotivarse es algo complejo, lo hermoso es que existen las redes sociales, hay un sinfín de grupos gratuitos que están en la misma situación que nosotros, adicional hay en el mercado infinidad de libros, audiolibros, películas, de personas que aun en circunstancias adversas lograron grandes cosas, desde mujeres como Marie Curie, premio nobel en dos ocasiones en Física y Química, descubrió el radio y polonio, así como pionera de la radioactividad, músicos como Ray Charles, Chet Baker, que a pesar de sus infancias tortuosas se abrieron camino en la música, cada quien en sus diferentes áreas fueron personas que salieron adelante por sus propios medios.

Busca personajes que admires, investiga su historia, que sean tu fuente de inspiración, crea tu círculo de confianza, de eso hablo en mi primer libro ***Tú más que nadie merece ser feliz***.

**Tips Onofre:**

*Motivarte te corresponde a ti, las demás personas serán una ayuda, un pilar, al final todo nos llevará a encontrarnos con nosotros mismos.*

**Libros que recomiendo:**

●*El elemento* de Ken Robinson.

●*12 reglas para la felicidad* de Jordan B. Peterson.

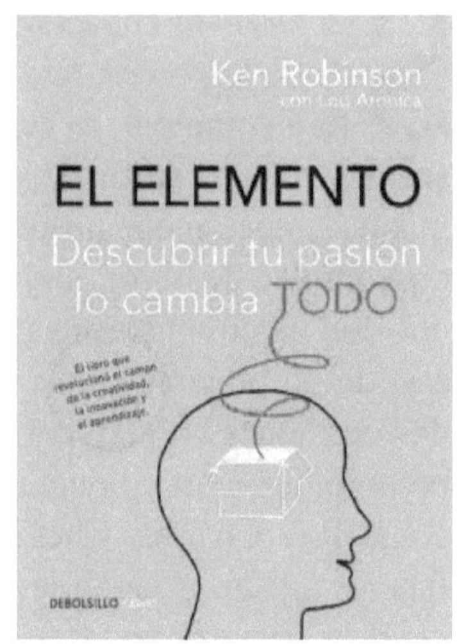

# QUIERO EMPRENDER, PERO TENGO MIEDO DE NO TENER EL SOPORTE FINANCIERO ¿QUÉ PUEDO HACER?

MUCHOS GURÚS DICEN QUE NOS SALGAMOS de nuestro trabajo, que emprendamos, la realidad es otra, como tú, infinidad de personas quieren emprender, pero tenemos obligaciones, eso nos crea conflictos internos, nos educan para ser seres funcionales, que es muy complejo salir como dice Robert Kiyosaki de *La carrera de las ratas*.

Yo soy fiel creyente que puedes hacer ambas cosas, si realmente te apasiona el tiempo no será impedimento, tendrás que trabajar en las noches maquetando todo, investigando, vuelvo otra vez a los grupos, ahí las personas comparten por el puro hecho de aportar.

Ejemplo si quieres iniciar un negocio de manualidades, y solo sabes lo básico puedes buscar grupos que comparten patrones de muñecas, hay grupos en Facebook, Telegram, etc. Y ya cuando tu ingreso sea igual a tu sueldo como empleado ya tomarás la decisión de renunciar o esperar un poco más, al final recuerda que es tu decisión.

Cuando algo no te apasiona y lo haces por el simple aspecto monetario, eso sucede cuando nos invitan a un negocio como los multiniveles que ofrecen grandes cantidades de dinero, que si tienes una red de contactos o mucha disciplina lo puedes lograr, cuando pasa la burbuja de ese multinivel, el líder te invita a otro, y así sucesivamente, si en el camino te gusta ese negocio puedes hacer carrera en ello, lo cierto es que la mayoría se siente estafado y ha perdido su trabajo y se vuelve temeroso de los emprendimientos. En el emprendimiento hay una infinidad de caminos. **Busca el tuyo.**

Lo cierto es que hay un sinfín de formas de emprender y hay momentos de aprovechar las oportunidades, ejemplo si tienes 10 mil pesos guardados y alguien te invita al mundo cripto para invertir y confías en esa persona, como es un negocio o inversión especulativa, tienes que ser consciente que así como se gana, se puede perder, desde mi perspectiva ahí entran los negocios especulativos llámese cripto, multinivel, Forex, que claro que se puede ganar buen dinero, lo malo es que no tienes un negocio tradicional que te de el soporte, **recuerda en los negocios especulativos invierte solo el dinero que estás dispuesto a perder.**

Todavía  los negocios tradicionales, carnicerías, tienda de abarrotes, productos de limpieza, contaduría, cafetería, etc., son el pilar de muchas familias, el soporte económico de muchos países, claro, con la competencia en los negocios tradicionales, toma años encontrar el punto de equilibrio, que te deje un margen razonable, si se te da bien los negocios especulativos y encuentras esas fisuras, sigue ahí, si te va muy bien, invierte en negocios tradicionales, llámese bienes raíces, florerías, carpintería, busca algo que te apasione, **así cuando los mercados están en números rojos tendrás negocios con soportes** sólidos y perpetuos, que te dan ingresos seguros fijos mensuales.

Yo empecé desde cero en el negocio de personal de limpieza, eso me permitió para tener una agencia de recursos humanos, mentorías, publicidad, etc., la clave es la reinversión.

Todo cambia si no tienes responsabilidades, aprovecha, trabaja en lo que te apasiona, no importa si lo monetario es poco, recuerda estas aprendiendo, es transicional, no será para siempre.

## Empresas tecnológicas

Algo muy importante, cuando se emprende hay negocios que si o si necesitan capital cuando son empresas tecnológicas, eso ya es otro camino cuando no se cuenta con el capital y solo es una idea, se recurre a fondos de inversión, lo que te recomiendo en base a mi experiencia es:

**1.- No te disuelvas tanto que ya no seas dueño de tu propia compañía**

**2.- Asesórate legalmente, si tu proyecto pega y se hace global es esencial saber lo que uno firma.**

**3.- Elige bien a tus socios.**

**4. Antes de pedir inversión, platica con tu gente cercana de confianza, que ellos sean tus primeros inversionistas, pero se claro, que, como toda inversión, es un riesgo y por experiencia propia siempre se gastará más de lo que se tiene previsto, al final saldrán gastos imprevistos.**

**5.- No pidas dinero por pedir, si no sabes en que meter el dinero solo se convertirá en deuda innecesaria.**

**Tips Onofre:**

Al final, emprende algo que te apasiona.

**Libros que recomiendo:**

- *Empieza con el porqué* de Simon Sinek.

- *Como caen los poderosos* de Jim Collins.

# ¿PUEDO VIVIR DE LO QUE ME APASIONA?

L A RESPUESTA ES SÍ, desde mi experiencia y perspectiva, depende mucho de cada persona, es importante mencionar que más que dinero se necesita tiempo mucho tiempo, si realmente te apasiona ello no será problema, por ejemplo si quisieras ser escritor, tendrás que hacer videos en YouTube, TikTok, etc., tendrás que vencer tu miedo a la cámara, si ese es tu temor, lo que tienes que saber es que cada servicio o producto tiene un grado de complejidad distinta, si haces pasteles, al ser un servicio genérico, el esfuerzo de darte a conocer es menor, sin embargo la competencia es brutal, si lo que quieres es dar a conocer tu libro, por ejemplo, es un poco distinta ya que en gran parte de Latinoamérica no tenemos el hábito de la lectura, tendrás que buscar mínimo 10 grupos de lectura de escritores independientes, dar a conocer poco a poco tu obra.

Si realmente te apasiona lo harás con gusto, a continuación te comparto las herramientas necesarias para empezar a maquetar lo que te apasiona:

**1. Tienes que saber vender, es lo esencial para todo, si no sabes, aprende, y si no te gusta, tendrás que contratar a alguien.**

**2. Necesitas un mentor, busca alguien que ya haya hecho lo que tú estás sembrando, no necesariamente tienes que pagarle, puedes llegar a un acuerdo, inclusive puede ser alguien cercano.**

**3. Marketing, para darte a conocer haz**

campañas en redes sociales, si no tienes el recurso, empieza publicando en grupos Facebook, Telegram, ES GRATIS.

4. **Contabilidad**, es esencial estar al tanto de tus obligaciones fiscales.

5. **Asesoría legal**, para el registro de marca, contratos, etc.

6. **Tiempo**, si no tienes el tiempo será complejo, dormirás poco, sí, pero la satisfacción será eterna.

7. **Haz un plan de trabajo.**

8. **Visualízate, crea tus mantras.**

**Tips Onofre:**

*Recuerda, vivir de lo que te apasiona es posible, recuerda que cuando algo te apasiona, el tiempo no será impedimento.*

**Libros que recomiendo:**

- *Creativo* de Roberto Martínez.

- *El sutil arte que te importe un carajo* de Mark Manson.

## VOY EMPEZANDO A EMPRENDER, PERO SOLO SOY YO ¿DEBO MENTIR PARA PODER TENER CLIENTES? ¿DECIR QUE TENGO AÑOS EN EL MERCADO?

CUANDO UNO VA EMPRENDIENDO, y quiere tener clientes, decimos que somos una gran empresa en ciertos rubros, si nos dicen cuentas con permisos, registros, facturación, nosotros en automático, sí a todo, queremos que el cliente nos contrate, en otras ocasiones muchas empresas se aprovechan y nos exigen cosas que saben, que les saldrán más baratas que con alguna empresa más grande.

Cuando logramos nuestro cometido, empieza la odisea de reunir los documentos y las herramientas, trabajar muchas horas por un costo raquítico que dijimos que teníamos o que podíamos hacer.

Todo ello es un arma de doble filo, más cuando nos dan un anticipo por el trabajo o servicios a realizar, al final si no se cumple con lo prometido, te pedirán el dinero de vuelta, se volverá un problema cuando ya lo hemos gastado, ahí empieza el caos, de peleas, de decir yo me esforcé, hice el trabajo, el cliente dirá no me cumpliste, etc.

**Anécdota:**

Eso me paso cuando iniciaba el negocio de limpieza, mi socio y yo fuimos con un cliente, le dijimos que sí a todo, que si teníamos personal de reemplazo, que si facturábamos, etc., todo ello no lo teníamos, nos dio el pago total del servicio de un mes, con la promesa de empezar el servicio, al día siguiente nos pagó en efectivo, lo primero que hicimos fue comer, teníamos semanas de no comer un comida completa, nos gastamos 200 pesos de dos comidas corridas y dos aguas, posteriormente tomamos dinero para nuestros camiones, y comprar un poco de despensa, el resto lo guardamos, ya teníamos a la persona  y la citamos en un punto, y no llegó y no teníamos a alguien más, el cliente molesto nos dijo quiero mi dinero ahora,  fuimos con el cliente y le dijimos que si nos esperaba para conseguirle a alguien  y nos dijo NO, claramente estaba molesto y quiero que me regresen mi dinero, nosotros ya no teníamos el dinero completo, le explicamos que nos esperara con el resto, y le dimos lo que teníamos, molesto nos cerró la puerta en la cara.

Fue una gran experiencia, aprendimos que no hay que dar por sentado algo, desde ahí cuando tengo anticipo de algún trabajo, negocio,  guardo el dinero hasta que se finaliza, uno nunca sabe lo que puede pasar, las circunstancias de la vida son variables.

Yo recomiendo siempre hablar claro, decir que vamos empezando, que al ir empezando toda nuestra atención será con él, y es verdad que cuando uno va empezando cuida a sus primeros clientes como si fuera familia, cuando una empresa va creciendo se van perdiendo esos pequeños detalles, y la atención personalizada va decayendo dramáticamente.

**Tips Onofre:**

*Sé honesto, eso te dará credibilidad, ten cuidado con algunas personas y empresas, que cuando detectan que vas empezando se quieren aprovechar de ello tomando ventaja.*

**Libros que te recomiendo:**

•*La magia de la concentració*n de DaiGo.

•*Como ser un imán para las personas* de Marc Reklau.

# ¿CÓMO CREAR HÁBITOS PARA NO DEJAR LAS COSAS A MEDIAS?

EL AUTOMOTIVARSE ES ALGO COMPLEJO cuando no se tiene la autodisciplina o apoyo externo de la familia, amigos, mentores, etc.

He leído infinidad de libros de creación de hábitos, los que he aplicado han sido un híbrido de lo que me ha funcionado.

**Te comparto lo que a mí me ha funcionado.**

Para crear hábitos empieza con pocos minutos, ejemplo la lectura, tengo leyendo desde hace más de 25 años, desde hace como 10 años leo un tiempo en la mañana, puede ser de 1 a 2 horas y en la noche igual, los sábados en la mañana, así como los domingos, puedes empezar con 5 minutos y leer algo que realmente te llame la atención, no leer por leer.

El más reciente hábito es el de escribir diariamente, me dije, en qué momento del día tengo más inspiración y llegue a la conclusión que en las mañanas, así que escribo dos horas diarias.

Otro hábito que ya tengo varios años haciendo es tomar un vaso de agua al despertar.

La clave con los hábitos desde mi perspectiva es que se tiene que tener una disciplina e ir paso a paso, ejemplo si quieres hacer ejercicio para bajar de peso empieza por 10 minutos diarios no más, para reforzar imprime una foto de una persona la cual admiras y darte pequeñas recompensas, ejemplo si el viernes no faltaste ningún día al ejercicio puedes ver 5 capítulos de una serie que quieres ver, solo son ejemplos, **busca tus motivadores personales.**

**Tips Onofre:**

*Los nuevos hábitos que generes tienen que venir de dentro por convicción, no como algo impuesto.*

**Libros que recomiendo:**

- *Inteligencia intuitiva* de Malcolm Glanwell.

- *Hábitos atómicos* de James Clear.

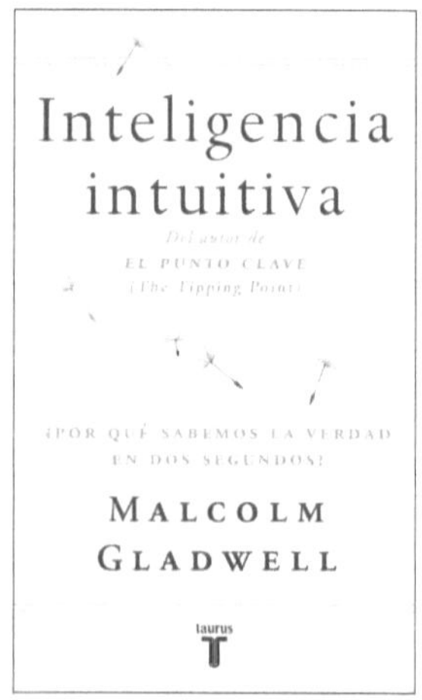

# ¿ESTÁ BIEN NO
# QUERER EMPRENDER?

CLARO, CUANDO UNO ESTÁ BIEN en su trabajo lo disfruta, se siente cómodo, le apasiona lo que hace, eso es felicidad, y al final de cuentas el fin en sí mismo es encontrar la felicidad, mini cápsulas de felicidad pura, se emprende por diferentes factores, desde ser independientes, buscar un cambio en algún sector, una idea innovadora, crear empleos, nace desde dentro el emprendimiento, desde mi punto de vista no debe de ser impuesto, **es algo que nace, algo que se va gestando poco a poco.**

Desde que nacemos nos van imponiendo cosas que no son nuestras, nos llenan de infinidad de información que no tenemos claridad, por ello ya de adultos estudiamos **en muchas circunstancias carreras que no nos gustan, para terminar en un trabajo que odiamos, vivimos amargados, odiando a todo mundo.**

Si estas a gusto en tu trabajo, está bien disfrútalo, si tienes la espinita de emprender hazlo, si sientes que no estás listo, busca referencias en grupos, videos, mentores, ve maquetando poco a poco, **lo cierto es que nunca se estará 100% listo o preparado, la vida es un aprendizaje constante.**

Inténtalo si así lo quieres, sigue disfrutando el proceso, si quieres o no quieres emprender **es tu elección solo tuya.**

> **Tips Onofre:**
>
> *Si estás en la disyuntiva de si emprender es para ti, únete a grupos de emprendedores para que te des una idea de la odisea de lo que es emprender.*

**Libros que recomiendo:**

- *La segunda Montaña* de David Brooks.

- *Originales* de Adam Grant.

# ¿ES RECOMENDABLE ASOCIARSE CON FAMILIARES?

ESDE MI EXPERIENCIA, NO, claro, puede haber sus excepciones.

Si estás en la disyuntiva, te recomiendo que veas a futuro, imagines escenarios con clientes, proveedores, en toma de decisiones, de ahí parte, quiero aclarar que si buscas capital y tu familia te puede aportar está bien que te preste, y después devolverle el dinero, otra cosa muy distinta es ser parte de una sociedad, compartir gastos, ganancias, decisiones, tener acciones de las mismas, etc.

**Tips Onofre:**

*Asociarte son decisiones de gran importancia, tomate tu tiempo, son decisiones que te marcan para siempre.*

**Libros que recomiendo:**

- *Esencialismo* de Greg McKeown.

- *Dar y recibir* de Adam Grant.

Bestseller del Financial Times y del Wall Street Journal
UN ENFOQUE REVOLUCIONARIO
PARA CONSEGUIR EL ÉXITO
DAR
y
RECIBIR
ADAM GRANT

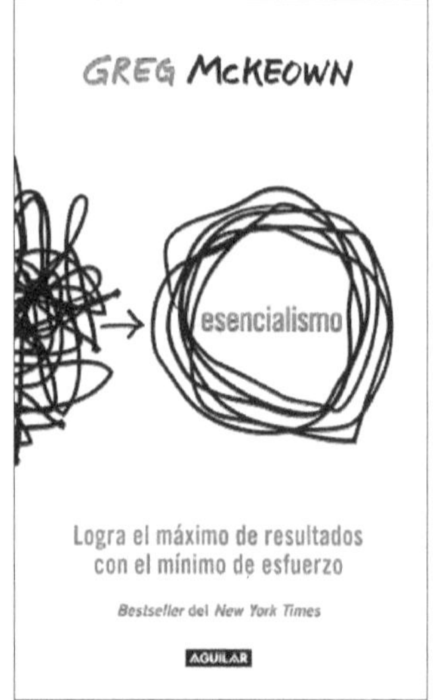
GREG McKEOWN
esencialismo
Logra el máximo de resultados
con el mínimo de esfuerzo
Bestseller del New York Times
AGUILAR

# NO DUERMO POR PENSAR EN CUESTIONES DE MI EMPRESA, ME LEVANTO CADA DOS HORAS, YA LLEVO TIEMPO CON ESA DINÁMICA ¿QUÉ PUEDO HACER?

CUANDO TIENES UN EMPRENDIMIENTO, es indudable que los pensamientos se hacen presentes, ideas, deudas, cotizaciones, pagos, etc., más cuando se tiene que pagar nómina y no se tiene el recurso, más aún cuando no hay clientes y hay que pagar renta, eso nos merma nuestra salud, cuando yo estaba en esa situación intenté con infinidad de pastillas para dormir, pasiflora, valeriana, CBD, y nada me funcionaba, mi terapeuta me explicó que mi cerebro estaba inquieto, tenía ansiedad, me dio un antidepresivo para dormir y en efecto pude dormir, pero no podía levantarme, amanecía todo sonámbulo, bajé la dosis y seguía igual, se lo comenté y tratamos la parte emocional y ahí empecé a quitarme basura emocional que no era mía, en ciertos días como es natural, no puedo dormir, con el tiempo mis horas de sueño se fueron regulando cotidianamente.

Lo que yo te recomiendo es ir a terapia, y si estas muy renuente, puedes ir con un psiquiatra que diagnostique y ver si te funciona un medicamento para poder dormir. Puedes intentar con apps de meditación, tomando un té antes de acostarte.

Al final, no dormir mínimo siete horas, a la larga uno baja su rendimiento, hablo desde mi experiencia.

**Tips Onofre:**

*Recuerda que el sueño es parte esencial de tu cotidianidad, aprende a regular el sueño.*

**Libros que recomiendo:**

- *Resultados extraordinarios* de Bernardo Stamateas.

- *Titanes* de Tim Ferris.

# ¿CÓMO PUEDO BUSCAR UN MENTOR O COACH SI NO PUEDO PAGAR UNO?

NOS HAN VENDIDO LA IDEA de que se tiene que pagar por todo, que nada es gratis, cuando no se tiene el recurso, desde mi experiencia mis mentores, mis coaches, fueron los libros, las películas, series, leer, ver y escuchar mi entorno, personas que ya han logrado algo, y más aún cuando han librado infinidad de adversidades, desde Steve Jobs, que fue adoptado, Mandela que estuvo encarcelado 27 años, Rockefeller que vivió en la pobreza y creó de la nada un emporio petrolero, así que encuentra personas que te inspiren en los negocios, en lo emocional, moral, en lo que tu decidas.

**Tips Onofre:**

*Encontrarás los mentores en donde menos te lo esperas.*

**Libros que recomiendo:**

- *Fueras de serie* de Malcolm Glandwell.

- *El estilo Virgin* de Richard Branson.

RICHARD
BRANSON
EL
ESTILO VIRGIN
ESCUCHAR, APRENDER, REÍR Y LIDERAR
PAIDÓS EMPRESA

Malcolm Gladwell
Fueras
de serie
(Outliers)
Por qué unas personas
tienen éxito y otras no
BEST
SELLER
DEBOLSILLO

# SIEMPRE ME COMPARO CON OTROS EMPRENDEDORES ¿QUÉ PUEDO HACER?

CUANDO UNO EMPIEZA EN EL MUNDO del emprendedorismo, compararnos con empresas del giro es válido, cuando nos sirve como inspiración, decir si ellos pueden yo también, pero cuando lo ves como tu rival, tu competencia, que si ya compró una máquina, contrató más personal, se fue de viaje, eso nos quita energías, nos desgasta, al final para qué ¿Te lo has preguntado? ¿Para sentirse superior, para sentirse grande? no malgastes tus energías innecesariamente, solo para alimentar tu ego.

### Tips Onofre:

*Recuerda que al final tú compites contigo mismo, tú te pones tus propios límites, deja que el mundo gire, concentra tu energía dentro de ti.*

### Libros que recomiendo:

- *El poder de las relaciones* de John Maxwell.

- *La Magia* de Rhonda Byrne.

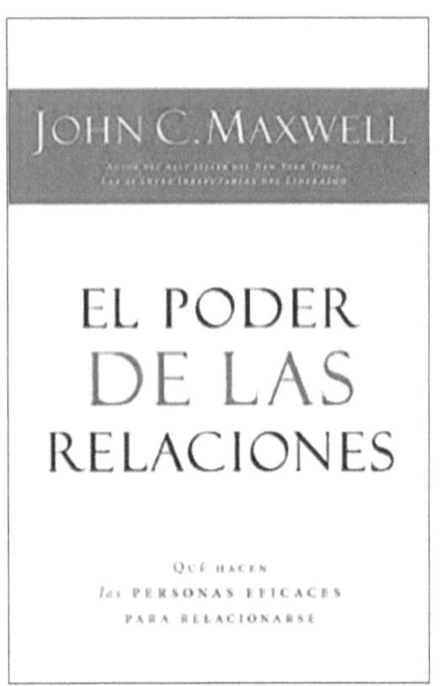
JOHN C. MAXWELL
EL PODER
DE LAS
RELACIONES
Qué hacen
las PERSONAS EFICACES
para relacionarse

la
MAGIA
Rhonda Byrne

# ¿HAY DEMASIADA COMPETENCIA QUÉ HAGO?

Hay mercado para todos, en mis empresas si no tengo personal, o no ofrezco el servicio, tengo un flyer de otras empresas para que busquen el servicio o producto.

¿Por qué hago todo esto? porque ya tengo clientes sólidos que siempre me buscan y sobre todo clientes que van acorde con mi filosofía, eso lo hice ya con los años, si vas empezando lo que quieres son clientes.

La competencia siempre existirá, la clave es encontrar tu nicho, alimentarlo, consentirlo, y tener varias fuentes de ingresos te dará tranquilidad, tener solo clientes con tu misma filosofía, generar relaciones sólidas duraderas.

Busca que más servicios o productos puedes ofrecer para que diversifiques tus fuentes de ingresos, al final ya que lo saques al mercado quédate con los que te dejen margen y sea menos desgastante para ti.

Te pondré mi ejemplo:

En Only Clean House, de inicio ofrecíamos los siguientes servicios:

1. Por hora.
2. Servicios Express.
3. Fijo.
4. Niñeras.

5. Colocación de empleadas domésticas de planta.

6. Administración de personal doméstico.

**Después de años solo nos quedamos con los siguiente:**

1. Colocación de empleadas domésticas.

2. Administración de personal doméstico (máximo 10 clientes para tener el control).

Todo lo anterior nos ayudó a simplificar, nuestra utilidad es la misma pero sin tantos servicios desgastantes, y así continuamos hasta ahora.

**Tips Onofre:**

*Simplifica todo, procesos, actividades cotidianas, clientes, proveedores, tu energía.*

**Libros que te recomiendo:**

•*La regla de oro de los negocios* de Grant Cardone.

•*Multiplicadores* de Liz Wiseman.

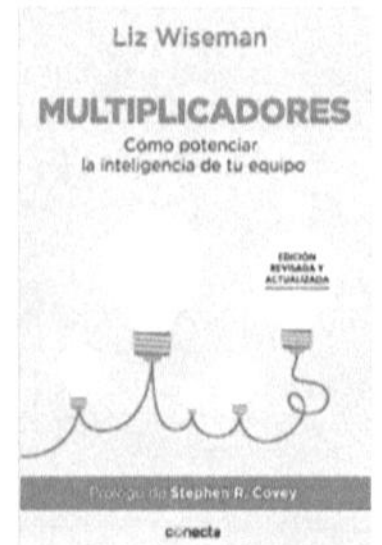

# ¿HE PERDIDO MUCHO DINERO EN MI NEGOCIO, SERÁ MOMENTO DE TIRAR LA TOALLA?

CUANDO SON NEGOCIOS GENÉRICOS, como yo les llamo, limpieza, restaurantes, agencia de marketing, abarrotes, etc., cuando no se tiene un nicho específico, o buenas relaciones, encontrar el punto de equilibrio es demasiado complejo, pecamos de exceso de confianza, entramos en el síndrome de costos hundidos, donde pensamos que en algún momento recuperaremos nuestra inversión, **es similar a los ludópatas que siempre dicen, esta es la buena en los juegos de azar, deja solo recupero lo perdido.**

Si te apasiona lo que haces, es un negocio genérico y has intentado de todo, te comparto mi experiencia:

### Anécdota:

Todos mis negocios son genéricos, limpieza, reclutamiento, marketing digital, mentorías, el mercado está saturadísimo, en aquel entonces no existían los grupos de Facebook, Telegram, etc., lo que hice con el negocio de limpieza fue dedicar 3 a 5 horas diarias en publicar en páginas de anuncios, algunas páginas todavía existen como Locanto, Segunda Mano, Vivanuncios, publicaba diferentes anuncios para que no me los eliminaran, nadie hacía eso porque es una trabajo muy monótono, pero necesitaba clientes, eso me funcionó bastante bien durante unos años, después ya no tenían el mismo alcance y muchas otras páginas desaparecieron.

Hoy en día hay en demasía herramientas para darte a conocer, si no cuentas con el recurso monetario, no hay pretexto, cuando no te gusta o no se tiene el tiempo, es esencial tener una persona que nos realice nuestra presencia digital, si no lo sabes tendrás que aprender, hay infinidad de cursos en internet, la clave es ser perseverante y paciente, y si al final no es lo tuyo, busca personas Freelancer que trabajen por cierto tiempo, por hora, te comparto páginas que yo he utilizado, busca personas de Venezuela, son muy responsables y la conversión no es tan alta.

https://es.fiverr.com
https://www.workana.com

Esto te ayudará a darte a conocer, otro punto importante es lo que dicen todos los gurús, es que encuentres tu nicho, y es verdad, si te vas a lo general, el mercado te comerá, si no sabes identificar un nicho pregunta en grupos, ejemplo de comida, prueba y error, hay un caso en el libro *Contagioso* de Jonah Berger, platica de un restaurante que no tenía ventas, al chef se le ocurrió un sándwich de 100 dólares, un simple sándwich, experimentó con diferentes ingredientes, durante semanas lo daba a probar, les decía ¿Pagarías 100 dólares? recibió infinitos no, **hasta que, ¡Bingo encontró la receta!** y ahí empezó su éxito**, con decirles que actores de Hollywood hacían fila para probar el famoso sándwich de 100 dólares.**

Has visto en TikTok, cómo lugares, negocios, se hacen viral, no es de presupuesto, es de creatividad y muchos videos, reitero es ser constante, la viralidad es una mezcla de perseverancia, constancia, creatividad, ser auténticos.

## Tips Onofre:

*Enfócate en el marketing digital, busca tu nicho de mercado, dedica tiempo a grupos, son GRATIS. Haz lo que tu competencia no hace.*

## Libros que recomiendo:

- *La historia de Airbnb* de Leigh Gallagher.

- *El tigre* de Claudia Fernández.

# ¿CÓMO ME SALGO DE MI NEGOCIO?

CUANDO INICIAMOS UN NEGOCIO, nos adherimos tanto a él, que dejarlo muchas de las veces nos causa cierta aprensión, quiero dejar en claro algo, si te gusta, lo disfrutas y no tienes aspiraciones de crecer y te apasiona lo que haces, **sigue operando, no tienes que crecer si tu no quieres,** aunque tengas un excelente producto o servicio, por más que te digan tienes un negocio millonario, si esa no es tu misión, tu filosofía, está bien. **Busca tu camino a casa.**

Si por el contrario tu intención siempre fue crecer, abrir sucursales, franquicias, aperturas de nuevos negocios, la clave es delegar, crear un círculo de confianza, más que líderes, una familia laboral, cómo se logra eso dirás, es un trabajo de constancia, a mí, tardé pulirlo 10 años, te comparto lo que a mí me funcionó:

1. Si tu negocio apenas va empezando, busca personas nobles con ganas de salir adelante, que quieran aprender, que no hayan tenido una oportunidad, ojo tienes que dedicarles tiempo de capacitación, no todas son las indicadas, tienes que poner atención a los detalles, detectar para qué es bueno cada persona, recuerda no todos tenemos las mismas capacidades.

2. Si tu negocio ya tiene tiempo y ya haz pasado por muchas personas que solo te han desilusionado, te han dado la espalda, lo recomendable es hacer una depuración de personal, no me refiero solo a despidos, sino a ver si están en el puesto indicado, haciendo lo que les

gusta, ver si tienes puestos innecesarios, partiendo de ahí tomarás las decisiones estratégicas, concuerdo con los gurús que mencionan que los líderes surgen de la gente de confianza, son las personas que han empezado desde abajo con nosotros. Cuando ya se agotaron las opciones dentro de nuestras empresas, es momento de buscar talento externo.

3. Es importante tener presente que cada persona es única, la manera de acercarse, capacitar, motivar, será diferente, si se te complica con gusto te ayudo, cuento con mentorías para ello.

4. El punto más importante es que cuentes con tu propia filosofía, sus principios será un proceso largo, esta cuestión a mi criterio no se puede delegar. Escríbelos.

**Tips Onofre:**

*Recuerda, todo cambio es paulatino, haz todo de manera secuencial, es decir con pequeñas acciones a la vez.*

**Libros que recomiendo:**

- *El Líder 360 grados* de John Maxwell.

- *La semana laboral de 4 horas* de Timothy Ferriss.

# ¿CÓMO PUEDO DETECTAR
# QUIÉN ES MI NICHO?

LOS NICHOS EN EL **2022** es lo que todos los gurús de ventas marketing pregonan, a continuación te daré un híbrido con un toque de mi esencia, de cómo logré detectar mi nicho.

Recuerda no es la verdad absoluta, es solo una manera que encontré de simplificar, toma lo que te aporte:

1. Lo primero es definir los servicios que son más redituables para ti.

2. Analizar cliente por cliente y dividirlos en cinco:

- Clientes que son comprensibles.
- Clientes exigentes que te piden las cosas a la de ya.
- Clientes que pagan puntualmente.
- Clientes que tardan en pagar.
- Clientes que se quejan de todo.

Al dividir cada cliente todo se va clarificando.

1. Define tus gastos fijos.
2. Haz escenarios de que pasaría si solo te quedaras con los clientes comprensibles
3. Clientes que pagan puntualmente.

Aquí puede haber mucha discrepancia porque los clientes que se quejan o son exigentes pueden pagar a tiempo, ahí se tiene que hacer una valoración personal e individual, a tu consideración.

Ya que se depuró, solo te quedaras con los clientes que comparten tu filosofía, que paguen a tiempo y comprensibles.

Lo que sigue es hacer estrategias digitales para captar clientes similares y compensar los que se fueron, ahí se cierra el círculo.

Todo ello lo baso en mis empresas de servicios, habrá empresas que por su estructuración será complejo más no imposible, inténtalo.

**Tips Onofre:**

*No cometas el error de hacer lo que te acabo de compartir de forma literal, analiza la estructura de tu empresa y toma lo que se adecue a ella.*

**Libros que recomiendo:**

- *Tribus* de Seth Godin.

- *La experiencia Starbucks* de Joseph Michelli.

Aquí se terminan las preguntas y respuestas, si tienes alguna otra, házmela en mi TikTok @oscaronofre82.

# PARTE
# 2

## PROGRAMA ONOFRE PARA EMPRENDEDORES INEXPERTOS

### BOSQUEJO ABRIL 2022

*Escanea para ir a Instagram.*

# ANTES DE COMENZAR

LES COMPARTIRÉ A CONTINUACIÓN lo que he aplicado a lo largo de mi vida, en cada una de mis empresas es una mezcla de libros, de psicología, comportamiento humano, estudios de cómo actúa el ser humano, libros de ventas, he hecho un híbrido, todo lo he aplicado a mi contexto, mi metodología la he aplicado para vender seguros, tarjetas de crédito, venta de muebles, casa por casa, servicios de marketing, tiempos compartidos, Call Center, productos milagrosos, cobranza, limpieza, mentorías, libros, etc., mi metodología es probada, y la he compartido en las diferentes mentorías que he impartido.

Trataré de ser lo más claro posible, al final de cada capítulo recomendaré libros para complementar.

No llevo ninguna secuencia, si leyeron mi primer libro, se repetirán anécdotas, enfocadas en este caso a vender y entender el comportamiento humano.

La forma peculiar en que doy referencias a contextos con anécdotas, es como lo estructuro en mi mente, mis pensamientos, trataré de explicarme claramente, y ser lo más simple y práctico posible, recuerda es solo mi manera de vender, de encontrar mi camino a casa.

Todo lo platicado lo he aplicado, soy de las personas que no se queda con la teoría, de todo lo leído, tomé lo que me servía y lo adapté a mi cotidianidad, sé receptivo, tenlo por seguro que algo de lo aquí escrito te ayudará, comprendo que cada empresa es diferente, al final la clave es saber delegar y gestar equipos de trabajos sólidos y perpetuos, en conjunto con tu filosofía de trabajo. Toma lo que más te ayude, no te quedes solo con ello.

## EMPECEMOS...

118

# CÓMO SE COMPORTA EL SER HUMANO

**P**ARA ENTENDER EL MUNDO DE LAS VENTAS, la clave es entender el comportamiento humano, cómo se relaciona con su entorno día a día.

La mayoría crecemos con algún tipo de carencia, desde abandono, rechazo, violencia física y psicológica, en el ámbito de las ventas, compramos muchas veces por impulso para llenar algún vacío, es por ello que los infomerciales que aparecen a altas horas de la noche tienen tanto éxito, **el llame ya, o aún hay más, si llama en este momento recibirá otro paquete totalmente gratis, solo si llama en los próximos 10 minutos, levante el teléfono ahora.**

### Anécdota:

Trabajé en un Call Center, en una ocasión nos contrataron para tomar pedidos de un dije esotérico, había tres, uno para el amor, uno para el dinero y otro para la salud, estuvimos recibiendo llamadas de 1 a.m. a 4 a.m., era una tras otra literal, siempre me decían, verdad que sí funciona, y yo les decía si usted cree así debe de ser, era increíble la cantidad de pedidos y como era con cargo a tarjeta, lo curioso era que al día siguiente nos llamaban para cancelar la compra, que se habían arrepentido, y yo me pregunté, porque pasaba eso, yo le calculé que más del 50 % llamaba para cancelar el cargo.

No olvidemos que el ser humano tenemos infinidad de distractores, tanto ruido nos abruma, es por ello que tratamos de buscar en cosas materiales, hábitos no sanos, circunstancias, personas, etc., eso que no entendemos, eso que sentimos dentro que nos hace sentir mal, muchas de las veces desconocemos porque nos sentimos así.

**Libros que recomiendo:**

• *Memorias de Adriano* por Marguerite Yourcenar.

• *25 maneras de ganarse a la gente* de John Maxwell.

• *Persuasión* de Robert Cialdini.

# VENTAS POR TELÉFONO

Como solo teníamos los nombres de las personas, la mayoría de sus entradas eran:

Buenas tardes señorita Elena le llama Oscar del banco… para ofrecerle los grandes beneficios que tiene nuestra tarjeta crédito, tenemos meses sin intereses, ¿Usted ya cuenta con alguna tarjeta de crédito? (todo ello lo dicen la mayoría de los que trabajan en telemarketing, **es monótono, genérico, no hagan eso por favor).**

Lo que yo hacía era lo siguiente:

Primero saber de donde era (marcamos a toda la República Mexicana) como había trabajado en encuestas conocía muchos pueblos, ciudades, después depende de la fecha, del año, era mi speech.

**Nota:** Si tu no conoces muchos lugares, búscalos en internet y dices, si es de Guanajuato, por ejemplo, dónde está la Alhóndiga de Granaditas, el Teatro Juárez ¿Es tan bonito como dicen? yo no he tenido oportunidad de ir, es importante mencionar que mucha gente aun así te colgará, tenlo por seguro que tu porcentaje de efectividad aumentará.

**Ejemplo, mes septiembre y Mérida**

Elena buenas tardes, ¿cómo estás, no te molesto con este calor inmenso?

Ella dice, quién habla, todo se me facilitaba cuando me confunden con algún amigo o familiar.

### Escenario 1: Cuando me confundían con algún amigo o familiar.

**Elena:** Cómo estás Oscar, no fuiste a la reunión (dejaba que hablara).

**Oscar:** Yo no soy ese Oscar (Risas).

**Elena:** Perdón (Con esto se rompe el hielo).

**Oscar:** No te preocupes, te comentaba que te llamo del banco…, como se acerca diciembre, hay demasiadas promociones a meses en diciembre con la tienda, ¿con cuál tarjeta estás trabajando?

**Elena:** solo tengo… y no me interesa otra.

**Oscar:** Comprendo Elena, lo hermoso de esta tarjeta es que no cobra anualidad, solo con hacer una compra mínima cada mes, y lo más hermoso es que el trámite es en línea y te diré en este momento si se te aprueba o no, y te la enviamos a la sucursal de tu preferencia, ¿Qué sucursal te queda cerca?

**Elena:** De verdad no cobra anualidad (genere interés).

**Oscar:** ¿No, no nos tardamos más de 10 minutos me recuerdas tu nombre completo?

**Nota**: **la clave es hacer muchas llamadas, pero no llamadas robotizadas, solo repitiendo un estribillo, claro que aun en el escenario 1 te colgarán o no les interesará, pero tu porcentaje de efectividad y ventas aumentará, tenlo por seguro.**

**Escenario 2: La más común cuando no te conocen.**

**Oscar:** Elena buenas tardes, el calor es infernal en Mérida, lo bueno es que se acerca diciembre, regalos, intercambios, por ello te llamo del banco, ¿qué sucursal te queda cerca?

**Elena** Me queda cerca la de Lindavista, pero tarjetas ya no quiero más (ahí te das cuenta que ya maneja tarjetas)

**Oscar:** Comprendo Elena, yo tampoco quisiera más, tómalo como un respaldo para emergencias, adicional con una compra mínima de 100 pesos no tendrás que pagar la tediosa anualidad, no se ocupan papeles y en este momento te digo si se aprueba o no ¿Me recuerdas tu nombre completo?

**Elena:** Esta interesante, soy muy olvidadiza y se me olvidará usarla

**Oscar:** A todos nos puede pasar, por ello puedes domiciliar algún pago fijo que tengas, Amazon, luz, plan, etc., y lo maravilloso es que son gastos que tenemos que hacer cada mes. El trámite es en línea y ahorita te comento si se te aprueba o no, y me acaban de informar que si se aprueba tu tarjeta, las compras que realices en los 90 días siguientes serán a meses sin intereses (es información que ya nos dieron, se tiene que sacar cuando lo amerita la negociación), a que dirección te enviamos la tarjeta si es aprobada?

**Elena:** ¿No te tardas mucho? mi dirección es…

**Nota: En las ventas de cualquier tipo, la clave es la perseverancia, muchos me colgaban, a muchos no les interesó, como todo, mi forma de vender me llevó al récord de vender en un día de 9 a.M. A 11 p.M. 30 Tarjetas de crédito.**

**Libros que recomiendo:**

•*Si no eres el primero, eres el último* de Grant Cardone.

•*Networking estratégico* de Judy Robinett.

•*La economía de la gratitud* de Gary Vaynerchuk.

# CÓMO VENDER POR WHATSAPP

L AS VENTAS EN FRÍO POR TELÉFONO poco a poco son menos, la mayoría se concentran en Whats, más cuando son venta de servicios al menudeo.

**A continuación, te comparto mi metodología de ventas por Whats.**

Es importante mencionar, la diferencia entre Whats normal o personal y Whats Business.

Me he dado cuenta que muchos utilizan su Whats personal como laboral, cuando no se tiene para un celular adicional, te recomiendo lo siguiente:

●Compra un chip nuevo, que te presten un celular y lo pones.
●En tu celular descargas Whats Bussines y el código te llegará al chip en el teléfono que te prestaron, ya cuando se active, quitas el chip del celular que te prestaron.
●El chip lo guardas y recargas 20 pesos mensuales para que siga activo.

Así tendrás en tu celular, tu Whats personal y de negocio.

Lo ideal, cuando ya tengas un recurso, tengas un celular exclusivo para tus negocios.

Otra recomendación, es que cada colaborador tenga celulares de trabajo exclusivos, que no se mezclen con personal, me he dado cuenta que la mayoría de las personas que me venden algo utilizan sus celulares personales, y me parecían historias como estoy buscando trabajo, lo hacían automático, imagina que prospectos, vean esa historia, recuerda prospectos son prospectos, recuerden que se pueden convertir en clientes, si ven esas historias no verán un servicio profesional desde mi perspectiva.

## Herramientas básicas que debes saber de WhatsApp por si no las conoces.

•Puedes poner tu catálogo de servicios, horarios, dirección, página web.

•Puedes crear etiquetas, ya hay predeterminadas, puedes crear las tuyas, por ejemplo clientes potencial, no hablar ya, lo van a pensar, etc.

•Puedes crear listas de difusión (se prudente de enviar solo promociones una vez cada mes, porque te puede bloquear Whats por spam).

•Puedes crear grupos, si el cliente te da permiso, enviarle promociones exclusivas.

•Puedes crear respuestas predeterminadas, ten cuidado con no abusar, a las personas nos gusta interactuar con humanos, es desesperante que solo envíen respuestas predeterminadas.

•Publica historias diariamente, para que te tengan presente, se activará el receptor de atención y cuando por ejemplo busquen un carpintero te contactarán.

**Recuerda, toma la esencia de mi metodología y haz la tuya propia, con tu esencia, tus ideas, tu personalidad.**

Empecé a leer libros de marketing específicamente libros de Seth Godin, descubrí que las ventas, el marketing, la publicidad, va relacionado con la psicología, cómo funciona la mente humana.

La mayoría compramos por impulso, yo mismo lo he hecho, he comprado cosas y a los días subsiguientes me arrepentía, o me sentía vacío, posteriormente descubrí que solo llenaba con cada compra un vacío emocional.

Con todo lo antes expuesto, no importa a lo que te dediques, que vendas, si vendes casas, tarjetas, juguetes, tacos, productos médicos, crea vínculos con las personas, te comprarán por la atención, por lo que les hiciste sentir, por el trato que les diste, crea vínculos vitalicios y tendrás clientes fieles que a su vez te recomendarán de corazón con sus personas cercanas e indirectas.

# BUSCA EL MOMENTO OPORTUNO

**E**S INDUDABLE QUE EL SER HUMANO la mayoría de las veces actúa por impulso, más cuando varias variables se reúnen.

En las ventas es muy importante buscar el momento adecuado, es por ello que cuando trabajaba en Call Center, siempre preguntaba si estaban ocupados, muchos decían, estoy en una junta, velorio, trámite, problema familiar, etc., lo anotaba para marcar en algunas semanas, muchos colgaban tajantemente.

Partiendo de ahí, es importante no tomarnos las cosas de manera personal, si te dedicas a las ventas; el miedo, rechazo, frustración, será nuestro pan de cada día, **cada rechazo, cada cerrón de puertas, cada NO, se convertirán en mini cápsulas de resiliencia.**

En mi primer libro, hablo del sistema 3 x 2, donde por cada evento negativo tiene que haber 3 positivos, ejemplo si tuviste una mala noche, discusiones, no dormiste, etc., y le llamas a un prospecto potencial, desde mi punto de vista se transmitirá tu energía más cuando se visita a un cliente de manera presencial.

Yo te recomiendo salir a caminar, despegarte, busca tu mantra, tu espacio, deja que todo fluya.

Cuando encontraba el momento oportuno, yo ponía atención en el tono de voz de las personas, en la energía, cuando era presencial, muchos por sentido común detectamos cuando no es buen momento para cerrar una venta, o mencionar algo referente a una cotización, cuando se tiene que cubrir una meta, cierre de mes, el cliente sentirá esa desesperación por vender, y si le agregas que esa comisión ya la tienes comprometida, para la escuela de tus hijos, pagar mensualidad de carro, pago de tarjetas, etc., no quemes prospectos potenciales, que quizás los convenzas, pero no generarás relaciones duraderas.

**Tips Onofre:**

*Cuando estés en un estado eufórico, ya sea porque recibiste buenas noticias, te dijo que sí el amor de tu vida, cumpliste aniversario, ganó tu equipo favorito, etc., aprovecha ese cúmulo de energía, cobrarle dinero a quien te debe, visita clientes, haz infinitas llamadas, tenlo por seguro que cerraras muchas ventas y cobrarás mucho dinero, porque tu energía se transmite buena o mala, aprovecha tus mini momentos de felicidad.*

**Libros que recomiendo:**

- *Story Brand* de Donald Brand.
- *Historias que impactan* de Kindra Hall.
- *Jorge Vergara* de Laia Jufresa.

# ¿CÓMO COBRAR?

COBRAR A CLIENTES ES ALGO COMPLEJO, es por ello que soy de la filosofía de quedarnos con los clientes que nos dejen buen margen de utilidad y que sean los menos problemáticos, reitero es mi forma de ver los negocios, cambia todo cuando se va empezando y lo que uno quiere es flujo de efectivo y clientes, muchos clientes.

Otras cosas que afectan a las empresas, son los plazos de pagos, el crédito que se otorga, muchas financian 30 días hasta 90 días, al final siempre queda dinero en el aire, ahora en 2022 ya existen empresas llamadas Fintech, que te apoyan y te adelantan facturas, la que yo conozco es https://higo.io, me imagino ha de haber muchas más, si no puedes por tu giro, que te paguen a más poco tiempo tus clientes, las Fintech pueden ser tu apoyo para tener flujo de efectivo.

**Anécdota:**

Cuando empezaba mi empresa de limpieza de oficinas, daba un mes de crédito a 30 días, es decir, la persona iba a trabajar y le facturaba ejemplo, enero y me pagaban hasta la primera o segunda semana de febrero , duré así como tres años, y un noviembre me dije, si les digo que me paguen en los cinco días de iniciado el servicio, cuantas se irán e hice cálculos, en ese entonces tenía aproximadamente 80 empresas, la ventaja era que me debían, si ya no querían continuar con el servicio, al final el golpe no sería tanto, ya tenía lo de los aguinaldos.

No podía decirles de un mes a otro, cada año en los giros de servicios se hace un ajuste al costo mensual en base a la inflación, adicional que se firma un contrato por 6 meses o un 1 año.

## ¿Qué hice?

A las nuevas propuestas, en las cotizaciones les indicaba que el pago de servicio se haría los primeros cinco días de iniciar el servicio previo envío de factura del mes.

Así lo hice, muchas me decían, tengo otra cotización que me da 30 días de crédito, y yo les decía comprendo, así lo manejamos nosotros, me mantuve firme, muchos prospectos  se fueron es cierto, pero los que aceptaban, me pagaban en los primeros días.

**Me mantuve a pie de guerra y me dije qué es lo peor que puede pasar.**

Lo siguiente fue analizar empresa por empresa, de las 80 calcular cuántas se irían al cambiar el esquema de trabajo, lo que me ayudó es que era fin de año, hice cartas a cada una de las empresas, explicando el nuevo esquema de pago, que iniciará el mes de enero.

Después de enviar las cartas, dejé que pasara unos días y hable con cada uno de ellos, les expliqué a cada uno, fueron días agotadores, fue un movimiento muy arriesgado, pero no podía seguir así, estaba siendo un autoempleado, esperando que todos me pagaran cada mes.

De las 80 empresas, para mi sorpresa solo se fueron 10, que se fueron compensando con las nuevas que me contrataban el servicio, todo esto que te platico, es en base a mi experiencia, mis circunstancias, es importante hagas un análisis de tu empresa, te hablo desde mi experiencia con mi empresa de servicios, tienes que valorar tus factores; como flujo de efectivo, deudas, gastos fijos. Y preguntarte ¿De todo esto qué se aplica a mi empresa?

**Libros que recomiendo:**

•*David y Goliat* de Malcolm Gladwell.

•*Como caen los poderosos* de Jim Collins.

•*Alibaba's World* de Porter Erisman.

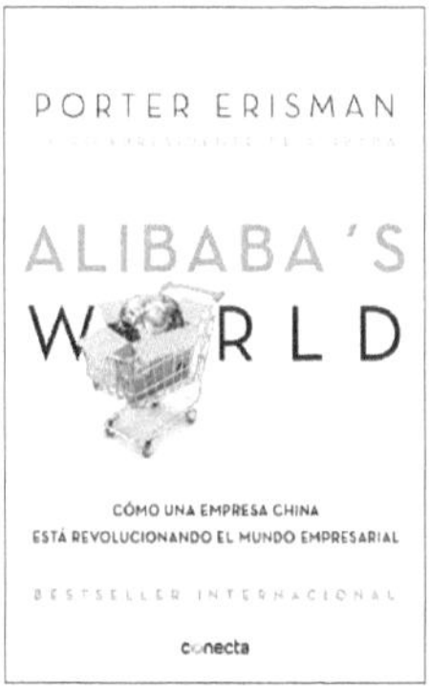

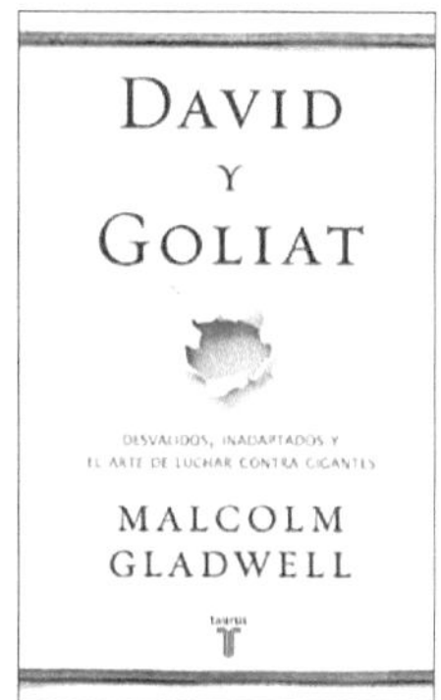

# BONUS 1: EL PROCESO DE DELEGAR, PASO A PASO DESDE MI EXPERIENCIA

EL PROCESO DE DELEGAR ES ESENCIAL para enfocarnos en otros proyectos, este es mi segundo libro en un año, ha sido gracias a que ya he delegado mis empresas, sigo vendiendo los servicios que ofrezco porque me apasiona.

Después de depurar los clientes que pagaron a inicio de mes, el siguiente paso era delegar, aquí quiero detenerme un momento.

Delegar es doloroso, es como desprenderse de algo tuyo que va adherido a tu piel, concuerdo con los gurús, que dicen que el personal que se ha ido desarrollando en tu empresa merece una oportunidad, cuando no se encuentra a la persona indicada es momento de ver al exterior.

Otro punto importante, es detectar las habilidades de cada persona, que tengan las características necesarias para el puesto, y lo más importante, que esa persona le apasione lo que hace, que conozca la empresa desde las entrañas, cuando es externa, la persona tiene que conocer todos los procesos desde la raíz.

**Todos en algún momento lo que necesitamos es una oportunidad.**

Yo le di la oportunidad a alguien que empezó desde abajo, no sabía qué estudiar, le gustó lo de recursos humanos, administración.

**Anota estos puntos esenciales:**

**1. Detecta el Potencial.** Lo primero que detecté en ella, era que tenía hambre de aprender, ganas de salir adelante, solo necesitaba un guía y las herramientas necesarias.

**2. Si tienes más de dos productos o servicios, divídelo en dos empresas.** Dividí la empresa en dos, limpieza de casas u oficinas y reclutamiento, para ello establecí dos razones sociales.

**3. Enseña desde tu filosofía, experiencia, a todos los líderes.** Ellos darán la cara de tu empresa en todo momento, cuando antes tú lo hacías, recuérdalo.

**Cómo lo estructuré:**

Wen, (no es su nombre real) se encargó de limpieza de casas u oficinas.

Ella aprendió todo desde la raíz, cotizaciones, facturación, negociaciones, recursos humanos, de ahí partí, le comenté que de todo se quedara con lo que le gustaba hacer, y lo demás lo delegara y coordinara, se quedó con lo que domina; estrategia y contacto con los clientes.

Desde que le dejé la responsabilidad, hasta hoy han pasado ya tres años y las finanzas están sanas, hemos crecido paulatinamente, trabajamos con los clientes que comparten nuestra filosofía, damos bonos a nuestros compañeros, no hay horarios para el personal administrativo, crearon un sistema de trabajo donde todo fluye, siempre lo imaginé así, me inspiré en el libro de Ricardo Semler: *RADICAL* ¨**Toma la esencia y busca que te funciona a ti**¨.

**4. Confía.** La clave es confiar en las personas, de que se van a equivocar claro que costará dinero, tiempo, obviamente, la clave es detectar talento, guiarlo y no forzar las cosas, quizás detectes potencial en personas que no les interesa una responsabilidad mayor y es respetable, cada persona busca su camino a casa.

**5. Recuerda no todas las personas tienen las mismas capacidades.**

Mayte, (igual no es su nombre real) se encargó de reclutamiento.

La otra empresa fue de reclutamiento de personal, Mayte y Wen, tienen habilidades muy diferentes, esa diferencia me ayudó a definir para qué empresa era idónea cada persona.

Con Mayte, trabaja de diferente manera, se le dificultaba dar órdenes asertivamente, se desesperaba fácilmente, era comprensible, no había tenido personas a su cargo, se iban al cabo de unos meses, trabajé con ella explicándole cómo funcionaba el ser humano.

Lo primero que hice fue detectar en que era buena ella y que no, y llegué a la conclusión que tenía carisma con los clientes, empatía con las personas, las personas la quieren, su aura es de ternura, generaba confianza, eso se debía de trasladar con las personas a su cargo, tenía que trabajar en su paciencia.

Hablé con ella, buscaba siempre el momento oportuno, como nunca había manejado personal, le expliqué desde lo más básico, de como todos necesitamos de todos, como trabajar en equipo, etc.

**6. Cada líder tiene que formar su equipo de trabajo.** Detecté que ella necesitaba un equipo contemporáneo, con su misma forma de ver la vida, nos dimos a la tarea de reclutar dos personas, al entrevistarlas, charlamos de la personalidad de cada una, que no se tomara nada personal, que tuviera la apertura de aceptar críticas constructivas, hablamos de las energías, cómo neutralizarlas, crear ambientes de armonía.

Desde un inicio se habló claro, lo que buscábamos en cada una de las personas, se les adiestró con paciencia pura, igualmente les comenté que no se lo tomaran personal, cuando hubiera momentos tensos, que se hablaran para que no se juntara y se convirtieran en un basurero tóxico.

Es importante mencionar, que todo ello lo hice porque veía potencial en Mayte, y era la indicada, ya que conocía en esencia el proceso de reclutamiento, le gustaba el trabajo y tenía esa hambre de salir adelante, **si no detectas estas características, en esencia solo te desgastar**ás, **y dirás nadie sirve, nadie funciona. Yo te puedo ayudar a desarrollar esas habilidades.**

Todo ello tardó un año, lo que admiro de Mayte, es la capacidad de conciencia de fijarse en los pequeños detalles, que todo lo que yo le mostré, lo absorbió, tomó la esencia y lo adecuo a su personalidad, sus hábitos, etc., esa es la clave, eso debes lograr con tus líderes.

Mayte ya había detectado en lo que era buena y le gustaba hacerlo, sabía decir que persona era candidata para el puesto con solo verla, eso lo desarrolló de manera innata, por ello es la líder y socia de la empresa de recursos humanos.

Lo que trabajamos en conjunto Mayte y yo en la impulsividad de decir y hacer las cosas.

Ahora ya estamos posicionando la marca, con igualmente finanzas sanas, ha creado un vínculo con su equipo de trabajo, no hay horarios tradicionales, en un año se fue tres veces de vacaciones, y todo siguió funcionando de maravilla.

**7. Cada empresa es en esencia diferente, detecta que requiere la tuya, guíate de personas que tengan empresas similares.** Con mi empresa de marketing ha sido totalmente diferente el proceso.

Desde siempre me ha apasionado el marketing, aprendí a hacer anuncios en diferentes redes sociales, de manera autodidacta, en el 2015 creé la marca y fue hasta 2019 cuando lo retomé, la pandemia me ayudó a generar clientes.

Como ya había delegado, tenía el tiempo suficiente, lo primero que hice fue contratar a una persona para maquetar la página, la empresa ya tenía la razón social.

Contraté a Lilia (No es su nombre real) una estudiante de marketing, desde el inicio hicimos clic, me enseñó cosas que desconocía del marketing, cómo, qué es un manual de marca, una estrategia digital, lo primero que hicimos fue crear un manual de marca para cada empresa de limpieza.

Ella estaba maquetando todo y se vino la pandemia, en este giro nos ayudó el ser digital, a comparación de mis otras empresas, que muchos clientes cerraron o suspendieron actividades.

Empezamos a pautar, y al ser un nicho muy diferente, hicimos muchas pautas para saber a lo que nos íbamos enfocar, desde registrar marcas, cursos, asesorías, manejo de redes sociales, etc.

Con los meses contratamos a una becaria de diseño de medio tiempo, después a una persona de estrategia digital, y se nos juntó el trabajo, contratamos un diseñador de medio tiempo y otro de tiempo completo, y nos apoyamos con freelance externos específicamente de Venezuela.

Era un equipo ya grande, a comparación de mis otros proyectos, ya con la experiencia obtenida todo lo estructuré en menos de un año, al ser todos creativos, tenían su mente inquieta, los dejaba que ejecutarán las ideas que tenían en mente, cómo iba empezando, no teníamos las herramientas de una gran agencia de marketing, ya con años de experiencia no teníamos ni set de grabación, cámaras profesionales, etc., fui muy claro desde un inicio.

Me di cuenta que los clientes que nos contrataban eran muy inestables, un mes nos podía ir de maravilla, otro tenía que poner de mi dinero, porque para la mayoría de las empresas, el marketing, la publicidad lo dejaban en los últimos lugares; lo primero era pagar renta, nóminas, proveedores, es comprensible.

Nos llegaron bastantes clientes, la mayoría muy desgastantes, los fuimos depurando,  invertimos todo, al final nos enfocamos en marketing para emprendedores que van iniciando, como no tienen recursos, lo manejamos en planes de pago, varios clientes que surgieron de la pandemia, seguimos trabajando con ellos, dejamos de trabajar con la mayoría, apliqué la misma filosofía de mis otras empresas de trabajar con clientes que compartamos nuestra misma filosofía.

Cuando la pandemia se fue haciendo parte de nuestra cotidianidad, muchos clientes se fueron, y los que llegaban contrataban cosas específicas, no había una recurrencia, por ser emprendedores tenían otras prioridades.

Entonces tomé una decisión de explicarles la situación y cómo la economía del país estaba inestable, muchos negocios cerraron por la pandemia, decidí hablar con ellos y lo entendieron, siguieron trabajando hasta que encontraron otro trabajo.

A Lilia le enseñé a hacer campañas de Facebook, registro de marca, cuestiones de emprendimiento básico, me platicó de su inquietud por emprender, empezó a maquetar su proyecto, **siempre tuvo la inquietud de trabajar en una gran agencia de marketing.**

Al final nos quedamos Lilia y yo, todo el trabajo se lo pasamos a los venezolanos, se redujeron los gastos fijos un 50% adicional que no teníamos obligación obrero patronal, ya nos quedaba más margen de ganancia.

Lilia me platicó que le surgió una propuesta de trabajo muy interesante, lo charlamos y tomó el trabajo, terminamos, actualmente colaboramos en diferentes proyectos juntos, nos apoyamos mutuamente.

Posteriormente contraté quien me ayudara a coordinar los clientes y los freelance externos y así he trabajado, me ha funcionado hasta ahora, la mayoría de los proyectos los delego con externos de Venezuela, puedo decir que somos una pequeña empresa de marketing, que hacemos las campañas y estrategia de mis otras empresas, y solo acepto clientes que puedo delegar, a dar seguimiento y me ha funcionado, la agencia es como un lujo personal.

## ¿Pregúntate qué te funciona a ti?

Es importante mencionar que tengo empresas pequeñas, desde mi contexto así me siento bien, me han invitado a crecer, el manejo de personal es muy complejo, quiero seguir en ese proceso de que las personas que trabajan conmigo, sigan sintiéndose como en casa más que un trabajo, sientan tranquilidad y sobre todo, que el trato siga siendo directo, sin tanta burocracia, como en la mayoría de las empresas grandes, que para pedir un permiso tiene que pasar por tres personas para un simple permiso de vacaciones, para una simple cotización tenga que pasar por tres departamentos, son empresas muy grandes y admiro mucho sus procesos, es mi forma de pensar, recuerda, toma lo que más te aporte.

## Tips Onofre:

No te cierres, muchas cosas quizás no apliquen a tu giro, es normal, toma lo que se adecue a tus circunstancias actuales.

## Libros que te recomiendo:

- Piénsalo otra vez de Adam Grant.
- Creatividad S.A. de Ed Catmull.
- El código de la cultura  de Daniel  Coyle.

# TRES LIBROS QUE ME AYUDARON A CAMBIAR MI FORMA DE VENDER

*1.* ***Como ganar amigos e influir sobre las personas*** **de Dale Carnegie.**

Un clásico que lo puedes escuchar gratis en YouTube, la clave de las ventas desde mi perspectiva es conocer al ser humano, ser empático y preocuparse sinceramente por el otro.

Este libro te dará las herramientas necesarias para adentrarte en cómo funciona el ser humano desde la raíz.

*2.* ***El poder de las relaciones*** **de John Maxwell.**

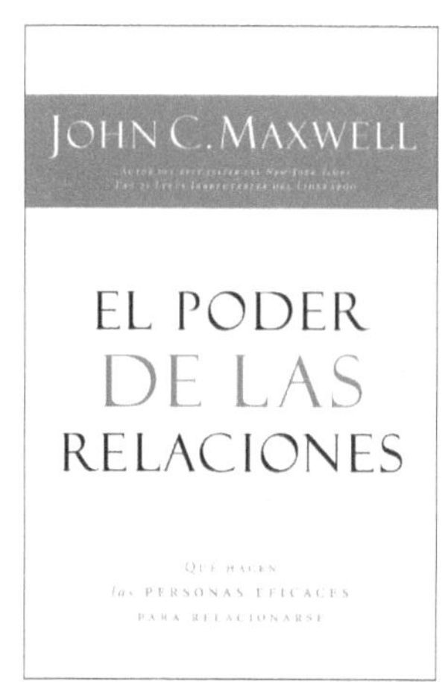

Ya que conoces la raíz de comportamiento, sigue crear relaciones sanas, duraderas y que se enriquezcan mutuamente en todos los aspectos.

Este libro te abrirá las puertas con ejemplos que el mismo autor aplica, el manifiesta que las relaciones no se trata de nosotros, si no de concentrarse en los demás.

**3.** *Vendes o vendes* de **Grant Cardone.**

Ya que conocemos como funciona el comportamiento humano y sabemos cómo relacionarse empáticamente, el círculo se cierra con tácticas de ventas y este libro está impregnado en cada página, ojo, recuerda que el autor te comparte su experiencia, compleméntala con la tuya y serás un Frankenstein de las ventas.

# TRES PELÍCULAS QUE DEBES DE VER SI TIENES UN NEGOCIO

## 1. Red social Historia de Facebook.

Aquí aprenderás:

1. Negociaciones.
2. Resiliencia.
3. Frustración.

Narra todo ello que pasamos todos los emprendedores, la recomiendo verla más que una vez, tres veces desde diferentes ángulos.

1. Primera vez: Desde la visión de cómo se crean las ideas y esas ideas en negocios.
2. Segunda vez: Desde la estructuración de una empresa, demandas, plagio, etc.
3. Tercera vez: Desde el punto de vista de la innovación, equipos de trabajo.

## 2. Hambre de poder

Aquí aprenderás:

1. Que la edad no es un impedimento para el éxito empresarial.
2. Visión, que, aunque se tenga un excelente producto, servicio; sin una visión clara y un líder para ejecutarla, solo se quedará en algo extraordinario.

Es la historia de cómo surgió MacDonald´s, desde sus inicios y toda la odisea que pasó, la recomiendo ver tres veces.

1. Desde la perspectiva de vendedor como Ray Kroc vio más allá, vio un sistema replicable.

2. Pon atención a todas las negociaciones, desde convencer a los hermanos McDonald´s para los derechos, para franquiciar, hasta decisiones de cerrar algunas franquicias, y ampliar su negocio a los bienes raíces.

3. La época, pon atención en cómo la gente empezó el consumo de comida rápida, porque no tenían el tiempo suficiente, empezaba el mundo de la practicidad (siempre hay un mundo de oportunidades).

## 3. Dallas Buyers Club: El club de los desahuciados

Aquí aprenderás:

1. Resiliencia pura.
2. Nichos de negocio puro.
3. Distribución de productos.
4. Membresías.

Esta película es una bomba de conocimiento aplicable, desde cómo no darse por vencido, nacer como el ave Fénix, después de que los doctores le dijeron que tenía poco tiempo de vida, hasta revender medicamentos para enfermos de SIDA, la recomiendo ver dos veces.

1.      Desde la perspectiva de no quedarse con lo que los doctores le dijeron, gestó una resiliencia pura, cada día era un día más de oportunidades.

2.      Cómo estructurar un negocio, de revender medicamentos que traía de México a Estados Unidos, cómo creó su sistema de distribución en las calles.

# AUTORES DE LIBROS
# DE NEGOCIO MI TOP 3

### 1.    John Maxwell.

Emprendedores y no emprendedores, deben leer a John Maxwell, cómo un Pastor de un pequeña iglesia se convirtió en un ícono en el desarrollo humano y superación personal, desde la parte de los negocios, creó un emporio ha vendido millones de libros y sus seminarios se imparten en gran parte del mundo.

### 2.    Napoleón Hill.

Fue un escritor que pasó 25 años aproximadamente recabando información, entrevistando personas ilustres, de como hicieron sus grandes fortunas, para dar vida a ***Piense y hágase rico*** unos de los libros más vendidos de negocios.

### 3.    Zig Ziglar.

Fue uno de los Master de las ventas, el vende casa por casa productos durante muchos años, sus libros están enfocados cierres de venta, enfocado en convertir a todos sus lectores y escuchas de sus conferencias en ser unos auténticos profesionales en ventas.

**ESPERA, AÚN HAY MÁS .**

# BONUS 2: GENERAR CLIENTES VITALICIOS

E**N MI FILOSOFÍA** y en la de muchos otros, tener clientes sanos que generen un vínculo, es la clave desde mi perspectiva para que una empresa sea sólida, que sean como de la familia, cómo lograr eso, **preocupándote por ellos de manera sincera.**

En mi empresa de limpieza, cuando no puedo darles el servicio, siempre les recomiendo otras agencias para que tengan el servicio, muchos de ellos regresan o me recomiendan y se convierten en clientes vitalicios. **Las acciones que yo aplico son las siguientes:**

•Hice un flyer con el nombre, teléfono de otras agencias y cuando no puedo darles el servicio, se los comparto.

•Atención personalizada para cada duda específica, no dejar dudas sin clarificar.

•Escuchar de manera asertiva, muchas personas solo queremos que nos escuchen un momento.

•No vender por vender

### Tips Onofre:

*Crea respuestas automáticas de tus productos, servicios; cortas, no hagas una biblia, solo con lo esencial para que no se vuelva algo mecánico.*

**Libros que recomiendo:**

●*Tu mente es extraordinaria* de Gregory Cajina.

●*Obtén el sí consigo mismo* de William Ury.

●*El camino de Steve Jobs* por Jay Elliot.

# BONUS 3: COMO PURIFICAR CLIENTES

OMO HE VENIDO MENCIONANDO, cuando ya hemos pasado la curva de clientes, nos vamos dando cuenta que hay muchos clientes que nos quitan demasiado tiempo y energías, nos cansan en demasía.

Te comparto los factores que utilicé para una purificación, cabe mencionar que es en base a mi experiencia y puede variar para diferentes giros, yo te hablo desde la postura de empresas de servicios.

Lo primero que hice fue saber cuántos clientes necesitaba para cubrir mis gastos fijos, armé varios escenarios extremos:

1. Revisé el margen que me dejaba cada cliente.

2. Revisé el tiempo que tenía con cada cliente.

3. Revise la relación que teníamos con cada cliente.

Esos puntos me ayudaron a definir con qué clientes me quedaría.

Posteriormente hice unos principios para los nuevos clientes, los criterios que debían de tener:

1. Que nos dejara un margen de entre 25% a 35%.

2. Pasar de contratos de 6 meses a 1 año.

3. Que pagaran los primeros 7 días de iniciar el servicio.

Todo lo anterior nos llevó entre 3 y 6 meses, ya que había contratos vigentes con algunos de los clientes.

Después de aplicar lo anterior tuvimos:

- Más tranquilidad.

- Más creatividad para creación de nuevos negocios.

- Mayor control de las finanzas.

- Mayor flujo de efectivo.

**Tips Onofre:**

*Si tienes socios y quieres aplicar esta estrategia, se prudente, anota todas las deudas adquiridas y sobre todo tus gastos fijos personales, eso te dará mayor amplitud de enfoque.*

**Libros que recomiendo:**

- *Las 7 claves del éxito de Disney* por Tom Connellan.

- *Zara* de David Martínez.

- *Sencillamente Rich* de Rich DeVos.

# BONUS 4: QUÉ BUSCAN LOS CLIENTES

En PLENO **2022,** los clientes buscamos en su mayoría, atención que nos consientan, nos hagan sentir especial, generar una experiencia de compra, hoy con la llegada de WhatsApp, el contacto es más directo, en lo particular he cerrado el 82% de las ventas por medio de ese medio.

Anteriormente eran las llamadas telefónicas Call Center, cambaceo, aunque se sigue vendiendo de ese modo, cada día más personas optan por la atención de venta por WhatsApp.

Los nuevos clientes que iniciaron del 2010 en adelante ya nacieron con la tecnología pura, nada analógico, ellos serán los nuevos consumidores, las formas de compra, venta, serán más interactivas, tenemos que ir adecuando nuestras empresas a ese mundo interactivo, al metaverso, a los NFT, ahí hay un mina de oportunidades.

### La esencia en atención al cliente.

Es indudable que cuando una empresa va creciendo, la atención a clientes se vuelve deficiente, tardan en contestar, no hay un seguimiento de tu duda o problema, cuando uno va empezando lo que quiere es clientes, y tratamos a los clientes como reyes, ¿cómo mantener la misma calidad en la atención a clientes cuando uno va creciendo? te compartiré mi experiencia:

•Que todas las personas tengan la misma información, en esencia que si no es de su área busquen una solución.

•No pasarse la bolita, de decir, deje le pasó el caso a mi gerente, no está la persona encargada.

•Dar una solución clara y concreta, no le des vuelta a algo simple.


**Recomendar a la competencia**

Yo soy de la filosofía que cuando no puedas dar el servicio, recomendar a la competencia.

1.- Para que el cliente tenga el servicio.

2.- Para que se genere una relación de confianza, reitero cuando uno va empezando, lo que uno quiere son clientes, yo decidí hacerlo porque no podía darle la atención, y otros no compartían mí misma filosofía, lo detectaba en su forma de expresarse, de escribir, esa experiencia me la dio el haber empezado en el mundo de las ventas a la edad de 16 años.

El recomendar a la competencia es algo que se hace por convicción, muchos pudieran pensar que estoy loco, que así no se hacen negocios, es respetable, muchos también coincidirán conmigo, hay un sin fin de maneras de hacer negocios, esta es mi forma de hacerlo, espero que te aporte algo.

## Tips Onofre:

*Recomendar cuando no podemos ofrecer nuestro producto o servicio, se nos multiplicará si lo hacemos de corazón.*

### Libros que recomiendo:

- *Controle su destino* de Tony Robbins.
- *Fluir* de Mihály Csíkszentmihályi.
- *Por qué fracasan los países* de Daron Acemoglu y James Robinson.

# AL FINAL TODOS LOS CAMINOS LLEVAN A CASA

**M**UCHAS GRACIAS POR LEER mi perspectiva de hacer negocios desde una postura autodidacta, todo lo leído está actualizado hasta mayo 2022.

En los negocios como en la vida, todo está en constante evolución, nada se pierde, solo se transforma.

Espero de corazón te aporte algo, para finalizar, te comparto frases, que he anotado en momentos, ellas me han ayudado a crear, ser mejor, levantarme el ánimo, muchas las leí en libros, muchas otras en películas, series, personas, en videos, en sueños, otras se me ocurrieron aleatoriamente, son pequeños mini fragmentos de creatividad, felicidad, estructuración, enlazarlos con las ideas que tengas, aterriza tus ideas, pensamientos, el poder de la mente es infinita. Actualizado abril, 2022.

**Conciencia compartida    Punto óptimo de confianza
Conflictos    mesurados    Discusiones    funcionales
Cuestiona lo que lees    Seguridad Psicológica Crisis
existencial    Serás triste o feliz en cualquier parte
Silenciar los pensamientos    Unificar Información
Contaminación Cerebral    Ignorancia iluminada
Solo vemos fragmentos y no la totalidad    La duración
del presente es infinita    Todo posee una existencia
espontánea    Saborea la iluminación todos los días**

Disparadores neuronales  Sintergia síntesis y energía Espacio de recuperación   Todos los actos hechos con amor son puros    Hay días sospechosamente light Felicidad condicionada  Deseo de ausencia  Intelecto con intuición  Mientras te traten como al principio no habrá un final  La genialidad es solo la recuperación voluntaria de la infancia  La curiosidad creativa aleja el dolor  Exceso de confianza  Piensa a la inversa  La fortuna trae barcos trae algunos barcos que no son guiados por nadie  Piensa a la inversa  Sueño MOR Uno muere por segunda vez cuando no se le recuerda Hasta los mejores libros merecen que uno los deje a medias   Los desconocidos nos consolamos unos a otros  Qué haces tú para mantenerte en pie sin decaer La felicidad es esa alegría que encuentras ciertos miércoles  Sé un experto en lo importante   Tienes disponible la eternidad  Lo mejor que puedes hacer es enamorarte  Ignorancia Objetiva   En el nombre del amor buscamos validación.

*Oscar Onofre.*

# PROGRAMA ONOFRE PARA EMPRENDEDORES INEXPERTOS 2023

oscaronofre.com

Se editó e imprimió en los talleres de Plaza Editores
en la ciudad de Guadalajara, Jalisco, México,
en septiembre de 2022 en su primera edición.

Oficina central de Plaza Editores, calle Pavo 105
Centro, Guadalajara, Jalisco.
WhatsApp: 33 2041 9293
plazaeditores@gmail.com

www.ingramcontent.com/pod-product-compliance
Lightning Source LLC
LaVergne TN
LVHW051532170726
843492LV00006B/1731